FACULTÉ DE DROIT DE TOULOUSE

# DU CRIME

DE

# FAUX EN ÉCRITURES

## DISSERTATION

PRÉSENTÉE

A LA FACULTÉ DE DROIT DE TOULOUSE

POUR OBTENIR LE GRADE DE DOCTEUR

PAR

## M. George PEGAT

De Montpellier.

MONTPELLIER

TYPOGRAPHIE DE BOEHM & FILS, IMPRIMEURS DE L'ACADÉMIE.

1865

FACULTÉ DE DROIT DE TOULOUSE

DU CRIME

DE

# FAUX EN ÉCRITURES

## DISSERTATION

PRÉSENTÉE

A LA FACULTÉ DE DROIT DE TOULOUSE

POUR OBTENIR LE GRADE DE DOCTEUR

PAR

## M. George PEGAT

de Montpellier.

MONTPELLIER

TYPOGRAPHIE DE BOEHM & FILS, IMPRIMEURS DE L'ACADÉMIE.

—

1865

# A MON PÈRE

# A MA MÈRE

# FACULTÉ DE DROIT DE TOULOUSE

---

MM. DELPECH ✱, doyen, *professeur de Code Napoléon, en congé.*

CHAUVEAU ✱, *professeur de Droit Administratif, chargé du décanat.*

RODIÈRE ✱, *professeur de Procédure Civile.*

DUFOUR ✱, *professeur de Droit Commercial.*

MOLINIER ✱, *professeur de Droit Criminel.*

BRESSOLLES, *professeur de Code Napoléon.*

MASSOL ✱, *professeur de Droit Romain.*

GINOULHIAC, *professeur de Droit Français* étudié dans ses origines féodales et coutumières.

HUC, *professeur de Code Napoléon.*

HUMBERT, *professeur de Droit Romain.*

ROZY, *agrégé, chargé du Cours d'Économie Politique.*

POUBELLE, *agrégé, chargé à titre de suppléant d'un Cours de Code Napoléon.*

---

M. DARRENOUGUÉ, Officier de l'instruction publique, Secrétaire Agent-comptable.

---

*Président* : M. GINOULHIAC.
*Suffragants* : M. DUFOUR.
M. MOLINIER.
M. BRESSOLES.
M. POUBELLE.

---

La Faculté n'entend approuver ni désapprouver les opinions particulières du candidat.

(C.)

DU

# CRIME DE FAUX

## DANS LES ÉCRITURES

### DÉFINITION ET DIVISIONS.

Pris dans son acception la plus large, le faux consiste
dans l'altération de la vérité. Ainsi envisagé, il ne constitue
ni crime ni délit, et pour qu'il puisse tomber sous les
coups de la loi pénale, deux conditions sont nécessaires : il
faut que cette altération de la vérité ait été commise avec
l'intention frauduleuse de porter préjudice à autrui, et que
ce préjudice ait pu se réaliser. Le faux criminel est donc
une altération de la vérité faite dans le but de nuire. « *Quod
animo corrumpendæ veritatis in alterius fraudem dolo
malo fit.* » Les auteurs qui ont commenté le Digeste le dé-
finissaient en effet : *Fraudulosa veritatis mutatio dolose et
in alterius præjudicium* [1]. C'est encore aujourd'hui la doctrine de la loi française, telle qu'elle a été consacrée par
la jurisprudence, la Cour de cassation ayant déclaré que le

---

[1] Farinacius, q. 150, n⁰ˢ 1, 2.

1

faux consiste dans toute altération de la vérité commise avec une intention criminelle qui a porté ou pu porter préjudice à autrui [1]. Cette doctrine a été aussi adoptée, sauf quelques différences de rédaction, par les écoles étrangères. Toutefois, ni la législation romaine, ni les lois françaises ou étrangères n'ont énuméré dans une disposition formelle les caractères constitutifs du faux, et il sera nécessaire de les rechercher dans les divers textes ou documents de jurisprudence dans lesquels ils se trouvent mentionnés.

Mais avant tout, et pour tracer nettement le cadre dans lequel doivent se circonscrire nos investigations, disons que le faux, ainsi que l'enseignent les docteurs, peut être commis de trois manières différentes : *verbo, facto, scriptura.*

*Par la parole* : et il comprend alors le faux témoignage, la corruption, la subornation, le stellionat, la diffamation, etc.;

*Par le fait* : et il embrasse la fausse monnaie, les faux poids et mesures, la contre-façon des sceaux, timbres, poinçons, marques de l'État et des particuliers, l'usurpation de noms, dignités, fonctions, titres et décorations, la supposition ou la suppression de personnes, de part et d'état, la falsification des clés, etc.;

*Par l'écriture* : c'est ici le point capital de la matière, et le faux commis à l'aide de ce moyen consiste dans la fabrication ou altération des actes, écritures ou signatures.

D'autre part, une distinction est faite par la législation

[1] Voy. entre autres l'arrêt du 17 juillet 1837.

entre le *faux principal* et le *faux incident*; et tandis que
le premier doit être examiné au regard de la criminalité de
l'acte et de la responsabilité de l'agent contre lequel il peut
entraîner l'application de peines corporelles, le deuxième
ne s'occupe qu'au point de vue civil de la valeur légale de
l'acte argüé de faux, et ne peut aboutir qu'à la validation
ou à l'annulation de cet acte.

Enfin, on a vu par la définition du faux ci-dessus donnée, que ce crime est indépendant de l'usage de la pièce
fausse. Ce sont deux crimes distincts qui, en pratique,
sont habituellement connexes et ont très-souvent les mêmes
auteurs, mais qui peuvent être commis par différentes
personnes. Cependant, certains législateurs [1] n'ont pas
séparé ces deux incriminations, et n'en ont fait qu'un seul
et même crime : ils ont considéré le fait matériel de faux
comme un élément préparatoire du crime d'usage de pièces
fausses, qui devait seul être poursuivi ; la fabrication iso-
lée ne leur a pas paru devoir être réprimée, par la raison
que le coupable peut se repentir et anéantir son œuvre,
et que ce n'est que lorsqu'il fait usage de la pièce, que
la société doit s'émouvoir et qu'elle peut le frapper.

Cette manière d'envisager le crime de faux est certainement la plus logique et la plus conforme aux principes
théoriques de la loi pénale ; néanmoins, la plupart des législateurs ont suivi une autre voie. Préoccupés de la gravité de l'acte auquel le faussaire s'était livré dans l'ombre,
et dont la mise au jour n'était, en quelque sorte, que la
suite obligée, et craignant d'assurer, s'ils prescrivaient

---

[1] Code de la Louisiane, art. 287.

d'attendre que la pièce fausse eût été produite, l'impunité du principal auteur, ils ont pensé qu'il fallait hardi-
ment remonter jusqu'au moment de la création de l'acte
incriminé, et atteindre tout d'abord la main qui s'en était
rendue coupable. Ils ont donc scindé les deux faits et considéré l'acte préparatoire comme un crime spécial, le crime
de faux proprement dit, en admettant ainsi, par de hautes
considérations de sûreté publique, une dérogation aux principes généraux de la tentative; toutefois, quelques-uns n'in-
fligent dans ce cas qu'une peine moins forte que lorsque
le crime a été entièrement consommé [1].

La loi française n'a pas hésité à adopter nettement la
distinction dont nous venons d'exposer les motifs : aussi
voyons-nous, après les articles 145 et suivants du Code pénal
qui s'occupent de la fabrication du faux, les articles 148 et
151 du même Code prévoir l'usage des pièces fausses ; et
cela est admis pour toutes les espèces de faux que nous
avons à examiner, depuis le faux en écritures publiques
puni des travaux forcés à perpétuité, jusqu'à l'altération
des certificats qui peut n'être réprimée que par une simple condamnation à l'emprisonnement.

Comme il nous serait impossible, sans donner à notre
travail une étendue et une importance qu'il ne saurait
avoir, de traiter l'entier sujet du faux sous tous les aspects
que nous venons d'indiquer, nous nous voyons forcé de
laisser à l'écart les faux commis par la parole et par le fait,
de négliger ce qui a trait au faux incident civil, d'omettre
même tout ce qui concerne le crime spécial d'usage des

[1] Code prussien, art. 1385 et sq.

pièces fausses, et de ne nous occuper que du *faux commis dans les écritures*. Ce sujet sera encore assez vaste, et il est digne de tout notre intérêt.

Ces précisions faites, abordons l'examen des conditions qui sont, toutes, essentielles à la criminalité de ce faux, et cela à tel point que l'absence de l'une d'elles doit toujours entraîner l'acquittement de l'auteur.

Ces conditions sont au nombre de trois : 1° l'altération de la vérité 2° "           altule se, et 3° le préjudice possible pour les ti.       es étudier successivem .

### § I. Altération de la vérité.

Tout faux est une altération de la vérité ; mais la réciproque n'est point vraie, et on ne peut nullement dire que toute altération de la vérité doive être considérée comme un faux. Les lois, en effet, ne sauraient descendre dans toutes les appréciations du domaine exclusif de la conscience, et elles sont trop imparfaites pour que, dans la plupart des cas, le châtiment puisse être proportionné à la faute. Ces actes d'improbité ne ressortissent qu'à la morale, qui seule a le droit de les flétrir. « Ce sont des fautes, dit Montesquieu, dans lesquelles il n'y a pas lieu à crime ; tout s'y passe entre l'homme et Dieu qui sait la mesure et le temps des vengeances. Faire rentrer ces faits dans le domaine des lois humaines, serait détruire la liberté des citoyens, en armant contre eux le zèle des consciences timides et celui des consciences hardies. »

Il importe donc, et laissant de côté tout ce qui con-

cerne exclusivement la conscience, de bien spécifier l'altération de la vérité que peuvent et doivent atteindre les
lois pénales. Cette altération doit rentrer dans les termes
de la loi qui les a prévues nominativement, et qui varient
selon les pays et les législations. En France, l'altération de
la vérité doit, pour être considérée comme élément de
faux, se commettre par supposition, fabrication, altération, suppression d'actes, de conventions, d'écritures ou
de signatures.

Il suit de cette précision qu'il y a des altérations de la
vérité qui ne sauraient constituer un élément du faux.
Nous allons les indiquer sommairement.

1° *Le mensonge*. — Le mensonge simple est, par sa
nature, de trop peu d'importance, et ses nuances sont trop
difficiles à saisir, pour qu'on puisse le considérer comme un
véritable élément du faux. Ainsi le prévenu qui se cache sous
un faux nom ou qui, pour se disculper, allègue des faits
inexacts, ne saurait être puni, et la raison en est fort simple:
« Attendu, disent les considérants d'un arrêt de la Cour de
cassation[1], que le prévenu n'est pas astreint à déclarer
ce qui pourrait être à sa charge, et que les mensonges
qu'il emploie pour se disculper, rentrant à son égard dans
le cercle d'une défense qu'il croit nécessaire, n'ont aucun
caractère de criminalité. Que, dans l'ancienne législation[2],
où, lors de son interrogatoire, l'accusé prêtait serment de
dire la vérité, l'on tenait pour constant que ses réponses
mensongères ne lui faisaient point encourir la peine du

---

[1] Cass., 29 avril et 1er septembre 1826. — [2] Jousse; Just. crim.,
part. 4, liv. 3, tit. 38, § 3, 8°. — Farin., q. 160 à 204 et sq. — Julius
Clarus, § *Perjurium*, n° 12.

parjure; qu'à *fortiori*, dans notre législation actuelle, où l'accusé a été dispensé de prêter ce serment, le mensonge dans ses réponses ne saurait constituer ni crime ni délit. »

Mais il en serait autrement si le prévenu prenait, sciemment et méchamment, le nom d'un tiers pour faire peser sur la tête de celui-ci la condamnation qui le menace [1], ou pour lui occasionner un préjudice quelconque [2]. Dans ce cas, l'altération de la vérité se trouvant réunie avec les deux autres éléments dont nous parlerons plus bas, constituerait évidemment un faux.

2º *Simulation*. — Il n'y a pas de crime non plus, si l'altération de la vérité qui prend le nom de simulation est faite dans un acte du consentement de toutes les parties, et ne peut nuire à personne [3].

Il en était de même à Rome [4]; car bien que la loi 28 ff. *De lege Cornelia* dise que l'antidate ( espèce de simulation ) est un faux, la loi ff. *De fide instrumentorum* spécifie cependant que lorsque les deux parties sont d'accord, on ne peut y trouver les caractères de ce crime. *Falsi crimen, quantum ad eos qui in hoc consenserunt, contractum non videri, cum inter præsentes et convenientes res actita sit.*

Mais en est-il de même quand les parties, d'accord entre elles, déguisent ainsi la vérité, dans le but de nuire à un tiers ? La question est délicate et très-controversée.

[1] Cass., 12 avril 1855.
[2] Cass., 2 juillet 1857, 1er juillet 1859, 20 novembre 1861.
[3] Cass., 12 brum. an XII.
[4] J. Clarus, l. V, vº *falsum*, nº 35. — Charond., Obs. sur la l. citée. — Ranchin, Déc., part. 1, concl. 211. — Despeisses, t. 2, p. 671, nº 10.

En droit romain, la solution est donnée par la loi 15, C. *Ad legem Corneliam.* « *Si creditor*, nous dit cette loi, *colludens cum debitore suo, tibi prædium venumdedit, falsum commisit, sed se criminis accusationi fecit obnoxium.* » Ce qui, d'après l'opinion commune des auteurs, signifie qu'il y a crime de faux de la part du créancier deuxième hypothécaire, qui vend le fonds sur lequel repose son hypothèque, et fait intervenir au contrat le débiteur, pour déclarer que le créancier vendeur a, sur le fonds vendu, la première hypothèque. On doit remonter, de cette espèce particulière, au principe général, et conclure que tout ce qu'un débiteur et un créancier machinent ensemble pour frauder un tiers, tombe sous l'inculpation de faux. Et c'est la conclusion qu'en a tirée Brunneman dans son Commentaire sur les lois du Code. Telle est encore l'opinion de Jousse [1] et de Farinacius : *De simulatione agi et excipi potest*, dit ce dernier [2], *non solum civiliter sed etiam criminaliter.* Quant à Godefroy, Pothier [3], Muyart de Vouglans [4] et Boniface [5], que l'on a tenté de faire considérer comme étant d'un avis opposé, ils l'adopteraient au contraire, puisqu'ils voient dans le fait un stellionat, qui n'est, en définitive, qu'un faux d'une nature particulière.

Les autres lois romaines sur la matière sont les lois 9 § 5, 21, 23 et 29 du même titre au Digeste. On les a citées pour combattre le système que nous présentons, mais il est facile de voir qu'elles ne peuvent servir de base

[1] Just. crim., part. 4, liv. 3, tit. 15, art. 5, n° 107.
[2] Quest. 162, n° 12.
[3] *Pandectes*, tom. 3, pag. 375.
[4] *Traité des crimes*, tom. 6, art. 2.
[5] Part. 2, liv. 1, tit. 2 chap. 22.

à aucune argumentation sérieuse, puisque les hypothèses qu'elles prévoient sont des cas spéciaux qui ne constituent que des quasi-faux, frappés, il est vrai, de la même peine que les faux, mais qui n'en présentaient pas le caractère. En droit romain, donc, la simulation organisée pour préjudicier à un tiers était un véritable faux, et il en était de même dans l'ancien droit.

En droit français moderne, MM. Chauveau et Hélie ne voient pas un faux dans cette simulation [1], et leurs arguments peuvent être résumés en peu de mots : La simulation même frauduleuse, disent-ils, n'est pas suffisante pour constituer le faux, et il est nécessaire qu'elle soit accompagnée de la contrefaçon de l'écriture ou des signatures, ou de l'altération des conventions que les parties ont voulu souscrire. Or, la simulation ne rentre dans aucune de ces hypothèses : ni dans la première, puisque les écritures et les signatures émanent des personnes qui ont contracté ; ni dans la seconde, car les conventions sont bien l'expression de leur volonté. Ils citent à l'appui de cette doctrine un arrêt de la Cour de cassation du 12 floréal an XII, et le réquisitoire du procureur général Merlin qui l'a précédé ; ils invoquent enfin la loi du 22 frimaire an VII, sur l'enregistrement, dont l'article 40 porte que la dissimulation du prix véritable dans les actes, au préjudice du fisc, ne donne lieu à aucune action criminelle, mais seulement à la répétition de droits plus considérables, tels qu'ils sont réglés par cet article.

Malgré ces autorités, nous ne saurions nous ranger à

[1] Chauveau, tom. 2, chap. 22, pag. 341 et suiv., 3e édit. —Voy. aussi Merlin, *Rép.*, v° *Faux*, sect. 1, § 4, requisit. aff. Horix.

cet avis, et nous croyons devoir admettre la solution contraire. Si l'on descend, en effet, dans l'interprétation
usuelle de la loi, la simulation d'une clause dans un acte,
au préjudice d'un tiers, rentre parfaitement dans les termes
des articles 145 et suivants. Qui ne voit là une fabrication
de conventions, obligations ou décharges? Qui n'y voit la
constatation, comme vrai, d'un fait faux? Et vainement op-
pose-t-on l'article 40 de la loi de l'an vii; nous répondons que
cette loi, statuant sur un cas particulier, a précisément
fait exception au principe pour le cas qu'elle prévoit, et
que si cette loi n'avait pas été portée, l'on serait obligé
d'admettre que l'officier public qui se prête à une simulation
de prix, en relatant frauduleusement une énonciation mensongère concertée entre les parties, et dont il résulterait
un préjudice quelconque pour le fisc, serait passible des
peines portées aux articles ci-dessus visés du Code pénal.
Le législateur a pensé que cette repression n'était pas en
rapport avec la faute résultant de la simple violation d'une
loi fiscale, et il a admis, pour toute réparation de ce fait,
une action civile en répétition d'un droit triple de celui
qui eût été perçu, s'il n'y avait pas eu de simulation. Nous
estimons donc que la simulation faite dans le but de nuire à
autrui est une des faces du crime de faux.

La cour de Cassation a jugé aussi [1], et avec raison selon
nous, qu'il y a lieu de considérer comme coupables de
faux ceux qui ont concouru à la fabrication d'un billet
souscrit par un interdit, et que, pour ce motif, l'on a anti-
daté, afin de le rendre valable, au préjudice de la com-

[1] Arrêt 18 décembre 1823.

munauté existante entre l'auteur et sa femme ; cette antidate étant, dit l'arrêt, une fabrication d'obligation, et constituant dès-lors le crime de faux.

3° *Abus de blanc-seing.* — Aux termes de l'art. 407 du Code pénal, celui qui abuse du blanc-seing qui lui a été confié, pour y inscrire frauduleusement une obligation, encourt l'application des peines portées contre l'escroquerie; il doit, au contraire, être réputé faussaire si le blanc-seing n'avait pas été remis entre ses mains. Mais on nous permettra de dire que cette disposition de la loi ne nous paraît pas logique : en effet, dans les deux hypothèses qu'elle prévoit, l'auteur est aussi coupable, l'altération de la vérité ne change pas, le préjudice est le même, et les trois éléments de culpabilité se trouvent réunis. Quel est donc le motif qui a fait considérer le premier cas comme un abus de confiance, alors que le deuxième a été déclaré constituer un faux ? Ce motif n'est autre que la négligence du signataire à s'enquérir de la moralité de celui à qui il livre sa signature ; mais cette considération, qui est de nature sans doute à restreindre la responsabilité de l'auteur, ne suffit pas, ce nous semble, pour changer la nature du crime, qui ne saurait être modifiée par une circonstance étrangère à ce crime lui-même. Théoriquement parlant, l'abus de blanc-seing devrait donc, dans tous les cas, être rangé dans la catégorie des faux; du reste, cette distinction de l'art. 407 est d'invention toute moderne, et elle n'existait pas autrefois [1].

Au demeurant, il ressort du texte même de cet article, qu'il y aurait lieu à poursuivre comme faussaire : — Celui qui

---

[1] Expilly; Arr., chap. 8. — Farin., q. 150, n° 22.

fabrique une fausse convention sur un blanc-seing qu'il
s'est fait remettre frauduleusement par le tiers à qui cette
pièce avait été confiée[1]; — Celui qui écrit un acte quelconque
au-dessus d'une signature qui lui a été remise à titre d'a-
dresse[2], ou sous le prétexte d'une leçon d'écriture[3], ou
qu'il s'est procurée par dol[4]; — Celui qui abuse d'une signature apposée au bas d'un écrit, d'une pétition par exemple,
en supprimant le corps de cet acte et en y substituant une
obligation[5]; — Enfin, celui qui, dans le blanc laissé entre
l'écriture et la signature, intercale une convention[6].

4° *Abus de confiance.* — La même différence peu logique existe en pratique entre le faux et l'abus de confiance.
On n'admet généralement pas aujourd'hui que celui qui
se sert d'un mandat à lui donné pour un autre effet que
celui auquel il a été destiné, se rende coupable du crime
de faux. Ainsi, pour prendre un exemple, on s'est demandé
si l'associé qui use de la signature sociale pour éteindre ses
dettes personnelles ou grever le fonds social à son profit,
commet un faux. Il n'y a pas de difficulté, si ce fait d'abus
de confiance se produit après la dissolution de la société: il
y a alors, en effet, fabrication ou plutôt supposition frauduleuse d'un mandat qui n'existe plus depuis la dissolution
de la société. L'ancien associé n'a plus le pouvoir d'apposer
cette signature dont il a fait abus: il a donc commis une
altération de la vérité par supposition d'obligation et contrefaçon d'écriture. Mais la question est plus délicate si

---

[1] Cass., 4 février 1819. — [2] Cass., 2 juillet 1829. — [3] 22 mars 1849.
— [4] Cass., 24 juin 1820. — [5] Cass., 22 octobre 1812. — [6] Cass.,
25 juin 1807.

l'on suppose que le fait qui nous occupe s'est produit pendant la vie de la société. Ce fait constitue-t-il un faux, ou bien doit-on simplement le considérer comme un abus de confiance?

MM. Chauveau et Hélie[1], s'appuyant sur un arrêt de la Cour de cassation du 16 octobre 1806, rendu sur les conclusions du procureur-général Merlin, soutiennent qu'il n'y a là qu'un simple abus de confiance. Et en effet, disent-ils, aucun des éléments essentiels du faux ne se trouve dans l'espèce; il faudrait une supposition frauduleuse d'obligation ou contrefaçon de signature, et on n'en trouve ici aucune trace. C'est la société qui a écrit et signé par la main de son mandataire ayant pouvoir de l'obliger. Ce mandataire a certainement manqué à ses devoirs, en faisant servir à son intérêt personnel le mandat qu'il n'avait reçu que pour celui de la société; mais ce n'est pas moins la société elle-même qui a écrit et signé, et qui s'est obligée par son intermédiaire.

Malgré l'opinion de ces auteurs et malgré la jurisprudence qui s'est formée sur ce point, nous ne saurions nous ranger à cette théorie, qui nous semble trop directement contraire au droit. Si l'on envisage les faits en eux-mêmes, on verra que sur ces billets ou lettres de change se trouve bien la signature sociale, mais que l'obligation qui en résulte ne représente pas la volonté de la société qui n'a nullement consenti à prendre ces engagements; et si la signature de la société a été apposée à la suite d'obligations qu'elle n'a pas voulu contracter, de décharges qu'elle n'a pas eu l'intention de donner, n'y a-t-il pas eu en cela fabrication d'obligations,

[1] Tem. 2, pag. 349.

conventions ou décharges, et n'est-ce pas le faux dans sa pleine et entière criminalité?

5° *Escroquerie*. — Il faut distinguer les écrits qui ne peuvent rentrer que dans ce délit, de ceux qui doivent constituer des faux. Au point de vue théorique, il n'y a, à la vérité, entre les uns et les autres, aucune différence, si ce n'est sous le rapport de la criminalité, qui est plus ou moins grande: ils doivent être punis, selon les cas, de peines diverses, mais tous n'en sont pas moins des faux qualifiés. Dans la pratique, au contraire, la loi a cru devoir tracer une ligne de démarcation entre ces divers faits, et elle a spécifié les caractères que devaient présenter ces altérations de la vérité, pour constituer le faux légal. Ces caractères sont énumérés aux articles 145 et suivants du Code pénal, et tout fait qui ne pourra être compris dans aucun des cas spécialement indiqués par ces articles, ne pourra être considéré comme un faux, mais sera envisagé comme une escroquerie ou sera innocenté.

6° *Erreurs dans les comptes et calculs*. — Les erreurs dans les comptes et calculs ne peuvent être réputés, pas plus aujourd'hui qu'autrefois, contenir les éléments du faux; elles peuvent être le résultat d'une méprise, et en cette matière l'intention frauduleuse est trop difficile à établir. *Quod in ea parte*, dit Godefroy, *errorem communem etiam prudentissimum prætescere possit*. Telle était, au demeurant, la décision de la loi 23 au Digeste *De lege Cornelia*.

7° Enfin, on a discuté et on discute encore la question de savoir si l'altération de la vérité doit, pour être considérée

comme élément du faux, être commise à l'insu de la partie lésée, ainsi que le prétendent MM. Chauveau et Hélie.
Sur ce point, il nous semble qu'alors même que la partie
au préjudice de laquelle le faux est commis, aurait eu connaissance du crime, le fait matériel de l'altération et l'intention n'en existeraient pas moins, le préjudice serait
toujours possible, et par conséquent le faux devrait être réprimé par la loi pénale ; mais si cette personne avait formellement consenti à l'acte incriminé, son autorisation
ferait disparaître à son égard toute intention criminelle, et
par suite anéantirait le crime lui-même. Il y aurait seulement, alors, à examiner si cette trame n'aurait pas été
ourdie pour nuire à un tiers, et si la prétendue victime ne
devrait pas être poursuivie comme complice du fait considéré sous ce nouveau point de vue.

### § II. Intention frauduleuse.

Il ne suffit pas de l'altération de la vérité, si considérable
qu'elle soit, et telle que nous venons de la spécifier, il est
nécessaire que cette altération soit frauduleuse. Ce n'est,
en effet, que par l'intention que les actes, même les plus
odieux, deviennent des crimes. Si c'est par suite d'une erreur qu'une falsification a été commise, nous dit Farinacius[1], il y a seulement lieu à une action en dommages et
intérêts pour la réparation du préjudice qui a été causé,
mais non à une action au criminel. *Non nisi dolo falsum*[2]. Ce dol ne se présume point, il doit être prouvé, et

_____

[1] Quest. 150, n° 281. — [2] Charondas, liv. 4, réponse 30.

l'erreur, même la plus grossière, ne saurait lui être assimilée. Cette règle s'est perpétuée de la législation romaine jusqu'à nous ; toutes les Ordonnances de nos rois sur la matière en témoignent. Le Code de 1791[1] ne réprimait le faux que lorsqu'il était commis méchamment, avec dessein de nuire, et notre Code ne punit que les fabrications ou altérations frauduleuses. Les Codes étrangers, chacun à leur point de vue, sont aussi restés fidèles à cette doctrine. Le Code prussien veut (art. 1384) que le faux soit commis dans des vues d'intérêt personnel ; les Codes américains, New-York, Louisiane, etc., etc., exigent l'intention de frauder ou de faire tort à autrui : «*To defraud or injure any person.*»

En théorie donc, comme en pratique générale, la condition dont nous nous occupons est essentielle à la criminalité de l'acte : l'altération de la vérité doit être volontaire et faite avec intention de nuire à autrui. Aussi a-t-on jugé, et avec raison, que celui qui appose au bas d'une pétition un certain nombre de signatures fausses, du consentement des prétendus signataires, ne commet pas un faux[2] : « Considérant, dit l'arrêt, que le crime de faux ne peut exister là où il ne se rencontre aucune idée ni intention de porter le moindre dommage à autrui. »

Les motifs d'un autre arrêt de la Cour suprême, en date du 25 novembre 1819, établissent très-bien cette distinction entre la volonté de falsifier et l'intention frauduleuse qui réside tout entière dans la *fraude* ou l'*intention de nuire*. L'altération de la vérité, faite même volontairement et sciemment, ne peut être punie que lorsqu'elle

a pour but de nuire à quelqu'un. A fortiori, n'y a-t-il
pas crime de faux lorsque la volonté de falsifier est absente, et que le fait de l'altération résulte d'un malentendu
ou d'une erreur? Il en serait encore ainsi lorsque, de ce fait
commis sans intention frauduleuse, il pourrait résulter
un préjudice quelconque pour des tiers ; car le crime est
plus dans l'intention que dans le résultat : *fraus non
ex eventu dumtaxat, sed et consilio quoque desideratur*[1];
et alors même qu'il y aurait volonté de falsifier de la part
de l'agent, le faussaire serait à l'abri, si le fait commis
n'a pas eu pour but de nuire à autrui, ou de commettre
quelque fraude[2]. La jurisprudence française, en adoptant
les bases de cette théorie, semble cependant hésiter dans
l'application de ses conséquences. (Voir à cet égard Dalloz ;
*Répertoire*, tom. XXIV, v° *Faux*, nos 140 et sq.)

L'intention frauduleuse est indépendante du profit personnel que l'on peut retirer du faux, car ce profit n'est
point une condition de la criminalité[3]. Ainsi, le crime peut
être commis dans le but d'être utile à un tiers, même
étranger à l'acte ; il existe dès que l'intention de nuire est
constatée.

L'intérêt qui a produit l'intention frauduleuse n'est pas
toujours un intérêt pécuniaire, et l'intention de nuire peut
avoir été amenée par la haine, la vengeance, le besoin de
s'élever, le plaisir d'obliger, la satisfaction à donner à une
passion, etc.

Ce que nous venons de dire des particuliers doit s'appliquer
aux fonctionnaires et officiers publics chargés de recevoir les

[1] L. 79 D. *De reg. juris.* — [2] Cass., 4 mars 1825.
[3] Cass., 6 avril 1809.

actes et de leur donner l'authenticité. L'altération, même volontaire, par eux commise sans fraude ni intention de nuire, ne doit pas être envisagée comme un faux, alors même qu'il pourrait en résulter préjudice pour autrui[1]. C'est ici surtout qu'il faut bien préciser que la faute, quelque grave qu'elle soit, quand elle n'est pas accompagnée de l'intention de nuire, ne saurait être considérée comme un crime. Elle constitue, de la part de l'officier qui la commet, un oubli de ses devoirs, et elle est punie par l'action disciplinaire et par les conséquences de sa responsabilité; mais ce serait renverser toutes les règles fondamentales du droit pénal, que d'appliquer pour une simple faute les peines édictées contre le faux. On ne doit donc pas se baser, ainsi que l'a fait la Cour de cassation[2], sur le préjudice causé, pour en faire ressortir l'intention criminelle: ce sont deux éléments distincts qui peuvent exister l'un sans l'autre, et qu'il n'est pas permis de confondre. (Voir dans ce dernier sens un autre arrêt parfaitement motivé de la Cour de cassation, du 17 juillet 1835, qui déclare qu'il n'y a faux que lorsqu'à la faute se joignent des circonstances qui révèlent une intention et un but coupables.)

En résumé, il en est des fonctionnaires comme des simples particuliers: l'intention criminelle les rend punissables, mais leur faute seule ne suffit pas pour leur faire appliquer les peines édictées contre les faussaires.

---

[1] Cass., 4 mars 1825.
Arrêts des 21 juin 1810 et 10 nov. 1832

## § III. Préjudice possible.

Nous venons de voir que les deux premiers caractères
du faux consistent dans l'altération de la vérité et dans la
circonstance que cette altération doit avoir été commise
dans une intention criminelle ; mais cela ne suffit pas encore, et il est une troisième condition, essentielle autant
que les deux autres, et sans laquelle le faux ne saurait
être constitué: c'est le préjudice. L'altération doit avoir eu
lieu *in fraudem alterius*, et peu importe que le préjudice
soit réalisé ou non: *nec punitur falsitas in scriptura quæ
non solum non nocuit sed nec erat apta nocere*[1]. Cette
règle du droit romain s'est perpétuée sous les législations
intermédiaires[2], et se rencontre encore aujourd'hui dans
nos codes. C'est d'ailleurs avec raison ; car, si l'acte falsifié
frauduleusement est incapable de nuire, on ne saurait y
voir que la manifestation impuissante d'une volonté, coupable il est vrai, mais dont la loi ne peut se préoccuper.
Aussi la Cour de cassation a-t-elle jugé, le 20 janvier 1857,
que « pour que toute falsification ou altération de pièces
vraies et fabrication de pièces fausses puisse constituer le
crime de faux, il est nécessaire que les pièces fabriquées,
falsifiées ou altérées dans les clauses qui ont été la matière
de la falsification ou de l'altération, soient de nature à porter
préjudice à autrui. »

Ce préjudice peut s'adresser à la société, comme il peut
atteindre des particuliers.

---

[1] Farinac., quest. 150, nᵒ 201 sq. — Mœnoch., *De arb. jud.*, cap. 300.
[2] Jousse, tom. 3, pag. 387.

En ce qui concerne la société, il y a crime quand le
faux est de nature à léser un intérêt général, et cet intérêt
est blessé chaque fois que l'on soustrait un individu, sans
motifs sérieux, à une ou à plusieurs obligations que lui im-
pose une loi d'ordre public. Ainsi, devront être considérées
comme criminelles les altérations frauduleuses de la vérité
commises dans le but de soustraire un individu à la loi du
recrutement, à la prison s'il y est condamné, au service
de la garde nationale, à celui du jury, etc. La jurisprudence,
d'accord avec la doctrine, est fixée sur ce point. (Voir les
arrêts de la Cour suprème des 5 septembre 1833, 28 février 1835, 29 août 1840.)

Quant aux particuliers, le préjudice peut être de deux
sortes, ou matériel ou moral, suivant qu'il s'adresse à la
fortune ou à l'honneur de l'individu[1]; et c'est ici que se
placerait le faux qui pourrait être commis par la diffamation. Mais on comprend que ce faux, d'un ordre inférieur,
n'a pas dû être toujours envisagé comme un véritable crime,
et que, sauf le cas où il se produit nettement avec tous les
caractères que nous avons signalés, le législateur n'en fait
qu'un délit particulier qui est prévu et réprimé par les lois
spéciales sur la presse.

Tout dommage est donc un élément du faux, et l'on doit
entendre ici le mot dommage ou préjudice dans son sens
vrai, tel qu'il était défini à Rome, et tel qu'il l'est encore
sous toutes les législations: « tout détriment causé sans
droit à autrui »; c'est ce que dit la loi 151 *De diversis re-
gulis juris*, au digeste: *« Nemo damnum fecit nisi qui id
fecit quod facere jus non habet. »*

[1] Cass., 3 décembre 1859.

Il importe peu, nous l'avons déjà dit, que ce préjudice ait été réellement souffert ; peu importe aussi sa quotité, sa modicité ; il suffit que de l'acte faux il ait pu ou qu'il puisse résulter un dommage quelconque, actuel ou futur, ou même possible. C'est cette possibilité qui constitue la criminalité du faux[1], encore même que ce préjudice ne se soit point réalisé, et qu'il ne puisse même plus se produire à l'avenir.

Mais, par contre, il ne saurait y avoir crime si l'acte fabriqué, falsifié ou altéré, ne peut devenir la cause d'une lésion. Si donc l'altération de la vérité est commise dans un acte nul par sa nature même, il serait impossible de le considérer comme un faux, cet acte ne pouvant produire aucun effet et, par suite, préjudicier à autrui.

C'est en vertu de ce principe incontestable qu'il a été jugé qu'il n'y avait point de faux criminel dans les espèces suivantes :

1° Dans le fait d'un individu qui postdate, pour la faire considérer comme valable, une promesse de mariage intervenue entre sa fille mineure et un tiers également mineur, « attendu que cette promesse ne peut, par sa nature, porter atteinte aux droits d'autrui[2] » ;

2° Dans l'usage sciemment fait d'un billet sous seing-privé, souscrit d'une croix, qui est énoncée dans l'acte comme étant la signature ou la marque du prétendu débiteur, « attendu que la nature d'un pareil billet s'oppose à ce qu'il puisse engendrer une obligation[3] » ;

3° Dans l'emploi, à l'appui d'une allégation de paiement

---

[1] Cass., 13 novembre 1857.
[2] Cass., 20 août 1825. — [3] Cass., 24 juillet 1849.

— 26 —

de dettes, d'une fausse déclaration écrite, par laquelle
deux individus attestent le fait du paiement, «cet écrit ne
pouvant constituer une obligation, ni opérer une libération
ou décharge [1]»;

4° Dans la fabrication d'une fausse lettre missive, ayant
uniquement pour objet d'obtenir de la personne à qui elle
est adressée, ce qu'elle ne peut refuser, par exemple la
fabrication d'une lettre adressée par un maire au sous-
préfet, pour obtenir copie du cadastre[2].

Ici se place une question délicate, celle de savoir quel
est l'effet de la nullité de l'acte dérivant, non plus de sa
nature, comme dans les espèces ci-dessus, mais d'un vice
de forme ou de l'incapacité des parties.

Dans l'ancien droit, cette question n'existait pas à l'état
de discussion. On décidait généralement que de pareils
faux n'étaient point punissables, car, l'acte étant nul, il n'en
pouvait résulter aucun dommage. *Nullum falsum quando
nullitas provenit ex defectu formæ, substantiæ seu solem-
nitatum*, disait Farinacius, *quia nullum potest affere
præjudicium*. D'où il suivait que si, par un motif ou circonstance quelconque, l'acte avait occasionné un préjudice, la peine devenait applicable. *Quando scriptura
falsa*, ajoute le même auteur, *non obstante ejus nullitate,
habuit effectum, tum intrat pæna ex actu nullo*. Ce système était très-simple, tout dépendait de la possibilité du

footnote[1] Cass., 29 février 1825. — [2] Cass., 22 octobre 1813. Voir, pour des
espèces analogues, les arrêts de la Cour de cassat. des 2 avril 1807,
11 février 1808, 2 septembre 1813, 27 janvier 1827, 17 juin 1827,
24 juillet et 4 novembre 1847.

préjudice ; selon qu'il pouvait exister ou non, la peine
était ou non applicable.

Que devrait-on décider sur ce point, dans le droit actuel?
Trois systèmes sont en présence.

Le premier adopte purement et simplement l'opinion que
nous venons de développer : il compte aujourd'hui très-
peu de partisans.

Le deuxième est celui de la jurisprudence; il a été proposé
pour la première fois par Merlin, dans ses conclusions, devant la Cour de cassation, le 20 novembre 1807[1]. « Pour
juger s'il y a faux, disait ce magistrat, c'est au moment de
la rédaction de l'acte que l'on doit se reporter, et les éléments postérieurs ne peuvent ni créer après coup, dans un
acte, un faux qui n'y existe pas, ni effacer après coup un
faux qui y existe». Ce magistrat va plus loin, et il déclare
qu'alors même que la nullité originelle de l'acte dériverait
du défaut des formalités essentiellement prescrites pour sa
rédaction, l'officier qui l'a rédigé commettrait un faux, et
ne serait pas à l'abri des poursuites du ministère public.

Ces considérations ont entraîné la jurisprudence, et la
Cour de cassation, adoptant cette théorie, a décidé que « le
défaut d'affirmation d'un procès-verbal dressé par un agent
compétent, laquelle n'est exigée par la loi que pour assurer
sa validité à l'égard des tiers, ne pourrait en pallier le faux
vis-à-vis de celui qui en est l'auteur; et qu'il serait contraire
à la raison et aux principes, que le défaut d'accomplissement de cette formalité accessoire, qui ne tient pas à la
substance de l'acte, mais seulement à ses effets légaux, pût
devenir, en faveur du coupable, un moyen d'échapper à

[1] V. *Répertoire*, v° *Faux*, 1, § 24.

des poursuites que la seule existence du délit a autorisées
à l'instant même où il a été commis[1].»

La même Cour a encore décidé que l'apposition de la
fausse signature d'un mineur au bas d'une lettre de change
est un faux criminel, « attendu que la moralité des faux ne
dépend pas de leur effet éventuel[2]».

Il a été jugé encore par la même Cour que la fabrication
d'un faux acte sous seing privé est punissable alors même
que l'acte est rédigé en simple original, et qu'à raison de
ce, il ne puisse faire de preuve de son contenu[3].

Le troisième système a été présenté par MM. Chauveau
et Hélie, dans leur théorie du Code pénal[4]. Ces auteurs
distinguent entre les actes infectés, dans leur substance,
d'une nullité absolue qui les empêcherait de valoir à jamais,
même s'ils étaient exempts de tout faux, et ceux qui ne
sont nuls que par suite d'un vice de forme, omission de
formalités, de rédaction ou d'exécution. Les premiers ne
sont jamais punissables, puisqu'ils ne peuvent porter aucun
préjudice, et on fait entrer dans cette classe ceux qui sont
viciés dans leur essence et ceux qui sont nuls par l'incapacité des parties.

Quant aux autres, qui doivent être invalidés seulement pour
vice de forme, la circonstance constitutive de cette nullité
étant toujours concomitante ou postérieure à l'acte, on
sous-distingue si elle est étrangère à son auteur ou si elle
dépend de sa volonté. Si elle lui est étrangère, il doit être
puni car, sans cette circonstance involontaire qui est ve-
nue paralyser l'effet de l'acte incriminé, il y aurait eu un

---

[1] Cass., 20 novembre 1807. — [2] Cass., 21 août 1812.
[3] Cass., 2 septembre 1807. — [4] Tom. 2, pag. 375 et suiv.

faux véritable, quoique, à raison du vice qui s'y rencontre, ce faux ait été réduit en réalité à une simple tentative. Tel serait le cas où la nullité proviendrait de l'incapacité, ignorée de toutes les parties, d'un individu qui aurait été pris pour témoin instrumentaire. Si, au contraire, la nullité dérive du fait de l'agent falsificateur, il n'y a plus de crime, l'auteur n'a pas voulu parachever son œuvre, il a essayé de rétracter, autant que possible, le faux qu'il avait commis, en annulant l'acte qui le recélait. Il ne peut donc être poursuivi, ni pour crime accompli, ni même pour tentative. Ainsi, le garde qui dresse un faux procès-verbal et qui ne l'affirme pas, le notaire qui ne fait pas signer son acte par les parties, ne commettent pas de faux. Il y a eu, il est vrai, commencement d'exécution ; mais le faussaire s'est arrêté de son plein gré, on ne saurait donc le punir. (Voir en ce sens un arrêt de la Cour de cassation du 14 août 1817.)

Nous devons nous rattacher à ce dernier système, qui est, de beaucoup, le meilleur de tous. Le premier, bien que très-simple en théorie, est difficile à appliquer dans la pratique, car tout dépend du fait de savoir s'il peut résulter un préjudice de l'acte, question qui devra dans bien des cas embarrasser le juge. Celui de la jurisprudence ne nous paraît pas non plus admissible puisque, suivant lui, tout faux est punissable par cela seul qu'il a été commis, et qu'il n'y a pas à tenir compte des intentions présumées de l'auteur du fait. Celui de MM. Chauveau et Hélie est le seul qui permette de prendre cette intention en grande considération, et il nous paraît sauvegarder de la manière la plus complète tous les droits et tous les intérêts.

Une dernière question reste à étudier : Un individu qui,

à l'aide d'un acte falsifié, se fait payer ce qui lui est légiti-
mement dû et qu'on se refuse à lui livrer, commet-il un
crime? Certains auteurs[1] distinguent ; ils pensent que le
faussaire ne doit pas être puni s'il ne se sert de l'acte incriminé qu'à l'encontre de son débiteur ; mais qu'il doit
l'être s'il s'adresse à d'autres personnes qui peuvent, par
suite de ce fait, éprouver un dommage. Ils citent, à l'appui de cette doctrine, un arrêt de la Cour de cassation du
15 thermidor an XIII. Nous ne saurions admettre cette
décision : elle repose sur une distinction arbitraire et qui
n'a aucune raison d'être, puisque, dans les deux cas, les
éléments du faux sont absolument les mêmes.

MM. Chauveau et Hélie pensent qu'il n'y a pas faux dans
l'espèce, puisqu'il y manque la troisième condition requise,
c'est-à-dire le préjudice. Nous croyons, au contraire, que
ce fait constitue un faux punissable comme tous les faux
criminels. Sans aucun doute, on pourra trouver, dans les
circonstances au milieu desquelles ce fait s'est produit, des
éléments d'atténuation ; mais le crime n'en existe pas
moins. En effet, il n'est pas exact de dire, avec les auteurs
cités, que la loi ne punit le faux que comme moyen d'arriver au vol ; le premier de ces crimes est indépendant du
second, il se joint quelquefois à lui, mais il a une existence séparée, lorsqu'il se présente avec les trois caractères
que nous avons énumérés. Or, ces caractères se trouvent
dans le cas particulier qui nous occupe : l'altération de la
vérité existe, puisque l'on suppose que l'acte est faux ;
l'intention frauduleuse existe aussi, elle consiste dans la

---

[1] Carnot; *Cours du Code pénal*, 1, 389. — Bourguignon; *Jurisprudence des Codes criminels*, tom. 3, pag. 157.

volonté du créancier de s'approprier une somme d'argent
de valeur égale à celle qui lui est due ; et quant au préjudice, on l'y trouve encore, car le débiteur se voit, par le
fait de son créancier, privé, malgré lui, de sa propriété.
D'ailleurs, si l'on permet à un créancier de se faire resti-
tuer, par le moyen d'un faux, une somme qui lui est due,
pourra-t-on lui refuser de s'emparer des meubles de son
débiteur, et, s'il n'en possède point, de sa maison? et où
devra-t-on s'arrêter? Le dispensera-t-on de toutes les formes protectrices qu'a établies le Code de procédure? Mais
alors que deviennent le respect de la propriété et le principe que nul ne doit se faire justice à soi-même?

De tout ce que nous avons dit ci-dessus, on doit conclure que le crime de faux existe lorsque, dans un acte, on
trouve une altération frauduleuse de la vérité, de laquelle
il pourrait résulter un préjudice pour autrui.

Ajoutons encore que le seul fait de la fabrication ou de
l'altération d'un acte, dans les conditions que nous venons
d'expliquer, pourrait être innocenté, alors même qu'il n'en
aurait été fait aucun usage, par suite d'actes postérieurs,
tels que la lacération de l'acte lui-même[1]; ces faits pouvant n'avoir eu pour but que de soustraire l'auteur à la peine
qu'il avait encourue. Toutefois, il faut reconnaître que si
c'était par suite de ses remords que le faussaire se fût désisté de son crime avant qu'il l'eût parachevé et mis en état
de produire un effet, il y aurait lieu de lui tenir compte
de ce désistement spontanément intervenu , et qui empêcherait le crime d'exister[2].

[1] Cass., 28 octobre 1813. — [2] Cass., 10 février et 25 juin 1835.

Maintenant que nous connaissons le faux et ses caractères, nous allons étudier notre sujet sous les diverses législations qui se sont succédé :

  1º En droit Romain ;
  2º En droit Français ancien ;
  3º En droit Français actuel.

Chacun de ces trois points fera l'objet d'une partie séparée.

## PREMIÈRE PARTIE.

———

# DROIT ROMAIN.

———

L'origine guerrière du peuple romain, l'histoire de sa
formation comme corps de nation, ses luttes avec ses voi-
sins et ses lentes conquêtes du sol italique, établissent
suffisamment que, dans les premiers siècles de son existence, l'usage de l'écriture fut peu répandu dans les
masses, et que quelques privilégiés, appartenant aux classes
élevées, pouvaient seuls se livrer à la pratique de l'art
d'écrire. Durant cette période, le testament était considéré
comme un contrat politique qui intervenait entre le disposant et son héritier ; il devait être fait en pleine assemblée
du peuple, et les comices réunis devaient le sanctionner,
en admettant ce dernier à prendre, dans la cité, le rang
et la fortune du testateur et à continuer ses sacrifices do-
mestiques. Par la suite, ce mode de tester qui, ainsi qu'on
le comprend facilement, devait entraîner de grands inconvénients, fut remplacé par une autre formule : celle de
l'*as et libram*. Le testateur dut alors manifester ses
intentions dernières et les confier à la mémoire de cinq

citoyens qui étaient censés représenter les diverses tribus romaines; et le contrat, dont il n'était retenu aucune écriture, s'accomplissait par l'intermédiaire du *libripens* et de l'*emptor familiæ*, selon le rite usité pour la vente des choses dites *mancipi*. Plus tard, ces formes furent conservées, il est vrai, mais à titre de purs symboles, et le testateur fit apposer le sceau des témoins sur des tablettes sur lesquelles il venait d'écrire ou de dicter ses volontés suprêmes, ou sur celles qu'il leur présentait closes, en déclarant qu'elles en renfermaient la sincère expression. Enfin, et par suite du progrès des temps, le testament *prætorien* vint remplacer toutes ces antiques formalités, et il put être écrit ou dicté par le testateur, qui se contentait de le faire sceller et d'y faire apposer la suscription des sept témoins qu'il avait convoqués à cet effet.

Le testament, étant l'acte le plus important de la vie civile, chez une nation où l'infamie, ou tout au moins une marque de défaveur, s'attachait à la mémoire de ceux qui, ne se préoccupant en aucune façon du soin de régler leur succession, laissaient leurs biens à leurs héritiers naturels, ce dut être dans cet acte que le faux se produisit tout d'abord; et ce fut là, aussi, qu'il fut proscrit et réprimé par la première loi portée en l'année 671, et qui prit le nom *Cornelia*, de la famille à laquelle appartenait le dictateur Sylla qui l'avait édictée; mais ses dispositions, c'est Paul qui nous l'apprend [1], ne tardèrent pas à être étendues à tous les autres actes, et plus tard elles atteignirent même certains faits qui avaient semblé être inspirés par la même intention criminelle. Les divers textes des sénatus-consul-

---

[1] Liv. 3; *Resp.* — L. 16, § 1, D. *De leg. Corn.*

les, édits et décisions particulières des empereurs ou des
prudents qui forment l'ensemble de la législation romaine
sur cette matière, se trouvent réunis dans le *corpus juris*
au livre XLVIII, titre X du Digeste, et au livre IX titre XXII
du Code, sous les rubriques *de lege Cornelia* ou *ad legem
Corneliam de falsis.*

La matière du faux en écritures était divisée en deux
grandes parties : le *faux* et le *quasi-faux*. On appelait faux,
le crime que nous avons caractérisé dans notre introduction;
le quasi-faux comprenait plusieurs faits qui ne rentraient
pas dans la classe de ceux qui pouvaient constituer un faux,
mais qui, par des raisons spéciales, avaient été considérés
comme devant être punis de la même peine. Au point de
vue de la répression, aucune différence n'était admise entre
ces divers actes, et il n'y avait de distinction à faire que
pour la procédure qui devait être suivie à leur égard. Le
faux proprement dit étant un crime public, puisqu'il
était prévu et puni par une loi, la poursuite pouvait être
exercée par tout citoyen, *quivis ex populo*, alors même
qu'il n'y aurait eu aucun intérêt personnel[1]; tandis que le
même caractère de loi ne pouvant être attribué aux textes
qui prévoyaient le quasi-faux, lequel n'était puni que par
son assimilation avec le faux[2], les poursuites ne devaient
avoir lieu que de la part de ceux qui y avaient intérêt, et
par la procédure criminelle commune, qui cependant portait le nom de procédure *extra ordinem*, parce que le
jugement n'était pas rendu par des juges, mais par des magistrats spéciaux, tels que le Préfet de la ville et autres,

---

[1] *Institut*, liv. 4, tit. 18, § 1 et 7. — [2] Ant. Math., pag. 540, § 2.

Tout le monde sait que, sous la législation Romaine, les crimes donnaient lieu à deux actions: l'une dite *crimi-nelle* ou *publique*, qui tendait à l'application de la peine; l'autre dite *civile*, qui avait seulement pour but d'obtenir des dommages et intérêts.

Bien que l'action publique pût, en général, être introduite et suivie par tous les citoyens, et contre chacun d'eux, il existait cependant des exceptions assez nombreuses, qui sont détaillées au titre du Digeste *De accusationibus et in-scriptionibus*, et il avait été admis, d'une part, qu'il n'était pas permis d'accuser par cette voie les magistrats pendant l'exercice de leurs fonctions, ni celui qui était absent pour la république; et d'un autre côté, que l'accusation, sauf quelques cas particuliers, était interdite aux fonctionnaires qui ne pouvaient pendant l'exercice de leur autorité com-paraître en justice, aux parents en ligne directe, aux femmes et aux pupilles, à ceux qui avaient reçu de l'argent, aux prévaricateurs, aux condamnés et aux infâmes, à ceux qui étaient descendus dans l'arène ou qui avaient trafiqué de la prostitution, et enfin aux pauvres qui ne possédaient pas 50 pièces d'or.

De plus, et relativement au faux, il existait un cas dans lequel le droit d'accuser était aussi paralysé entre les mains des citoyens, et ce cas était celui de la supposition de part[1], pour lequel les parents et autres intéressés avaient seuls le droit de mettre l'action en mouvement et de conclure à la punition du coupable; cette dérogation aux principes, qui trouvait son motif dans l'intérêt de la sécurité des familles, ne laisse cependant pas de surprendre, quand on sait d'ail-

[1] L. 30, § 1, D. *De leg. Corn.*

leurs que l'adultère était un crime public que chacun, et
même l'étranger (*extraneus*), avait le droit de soumettre aux
tribunaux [1].

Du reste, cette action publique ne pouvait être intentée
que du vivant du faussaire, et, si ce dernier venait à dé-
céder avant le jugement de la cause, la poursuite criminelle
devait s'arrêter; néanmoins, les biens dont le faux aurait
pour but d'assurer la propriété ne passaient pas à son héritier [2].

Il nous parait que tout ce qui peut être dit sur l'état de la
législation romaine, en la matière qui nous occupe, doit
être rangé dans l'un des trois chapitres suivants, qui trai-
teront :

Chapitre Ier. — Du faux ;
Chapitre II. — Du quasi-faux ;
Chapitre III. — Des peines du faux.

## CHAPITRE PREMIER.

### DU FAUX.

Le faux était défini: *fraudulosa veritatis mutatio in
alterius fraudem* , l'altération faite dans le but de nuire
à autrui. Et non-seulement il était bien reconnu que si la
volonté frauduleuse [3] et le préjudice [4] ne se joignaient à
l'altération de la vérité, le crime ne pouvait exister, mais
on exigeait encore que la fraude fût *gravior* et *improbior*,

---

[1] L. 4, § 1, D. Juliam, *De adulteris.*
[2] L. 4 et 12, D. *De leg. Corn.* — [3] L. 31, D. *hoc. tit.* — [4] L. 38,
§ 6, D. *De pœnis.*

c'est-à-dire que l'intention fût nettement caractérisée, et que le préjudice eût une certaine importance.

Nous allons essayer, en réunissant les divers textes qui se trouvent insérés dans le *Corpus juris*, d'énumérer les divers cas dans lesquels les jurisconsultes avaient reconnu que le fait devait être considéré comme un véritable faux.

Se rendaient coupables de ce crime :

1° Ceux qui avaient détourné, caché, enlevé de vive force, effacé, raturé, remplacé, détruit un testament ou codicile[1], à moins que ces actes ne fussent nuls de droit[2];

2° Ceux qui avaient écrit un faux testament ou y avaient apposé leur cachet[3];

3° Ceux qui, devant une juridiction civile, avaient produit, à l'appui de leurs prétentions, un testament faux; mais ils pouvaient se soustraire à l'action criminelle, en renonçant à se servir de cette pièce. Il n'en était pas de même de celui qui était l'auteur matériel de la falsification, lequel ne pouvait, même en renonçant à en faire usage, se dérober à l'application de la peine[4];

4° Ceux qui avaient signé comme témoins un acte dont ils connaissaient la fausseté, ou y avaient appliqué leur sceau[5];

5° Celui qui, écrivant dans le testament d'autrui et sous sa dictée, un legs au profit d'un tiers, y ajoutait une condition, à l'accomplissement de laquelle le disposant n'entendait pas subordonner sa libéralité[6];

---

[1] L. 2, D. *De leg. Corn.* —[2] L. 38, § 6, D. *De pœnis.* —[3] L. 2, L. 9, § 3, D. *De leg. Corn.* — [4] L. 2, D., et L. 8, C. *h. t.* — Despeisses, t. 2, p. 669, n° 8. —[5] L. 2; L. 9, § 3, D. *h. t.* — [6] L. 22, § 11, D., *h. t.*

6° L'esclave qui, dans le testament qu'il avait écrit, avait ajouté un fidéicommis de liberté à son profit[1];

7° Celui qui avait imité la signature d'autrui, tronqué ou altéré le contenu d'un acte[2];

8° Celui qui avait constaté ou fait constater sa présence à la confection d'un acte, lorsqu'il n'avait pas assisté à sa rédaction, et réciproquement[3];

9° Celui qui avait altéré la date d'un acte[4];

10° Celui qui avait abusé du blanc-seing à lui confié[5];

11° Celui qui se servait d'une fausse feuille de route[6]. La même loi punissait également ceux qui portaient des insignes qui ne leur avaient pas été accordés, ou se faisaient passer pour des personnages d'un rang plus élevé que celui qui leur appartenait.

12° Celui qui avait corrompu les édits du préteur[7];

13° Ceux qui se prévalaient en justice de constitutions impériales dont ils avaient altéré le texte, ou qui n'avaient jamais existé[8];

14° Celui qui avait fait usage d'un faux édit du préteur[9];

15° Ceux qui, à l'aide de pièces fausses, avaient induit le juge en erreur[10];

16° Le créancier, deuxième hypothécaire, qui, colludant avec son débiteur, faisait intervenir ce dernier au contrat par lequel il vendait le fonds qui garantissait son hypo-

---

[1] L. 22, § 9, D., h. t. — [2] L. 23, D. h. t. — [3] L. 13, C., h. t. — [4] L. 28, D. h. t. — [5] Farin., q. 150, n° 92. — Voët; ad Pand. de leg. Corn. — [6] L. 27, § 2, D. h. t. — [7] L. 32, D. h. t. — [8] L. 33, D. h. t. — [9] L. 25, D. h. t. — [10] L. 20, D. h. t.

thèque, afin qu'il assurât à l'acheteur que ce créancier avait, sur le fonds vendu, la première hypothèque[1].

Dans tous ces différents cas, il n'y avait pas à rechercher si l'on avait agi par soi-même, ou si l'on avait fait commettre le faux par une main étrangère[2]; le législateur ne s'était pas non plus préoccupé de la qualité du faussaire, ni de l'importance de l'acte dans lequel le faux était intervenu; il n'avait édicté qu'une répression, qui atteignait le faux commis dans les actes privés, aussi bien que ceux qui avaient été perpétrés dans les actes publics.

En ce qui concerne l'action civile, qui était indépendante de l'action criminelle[3] au point de pouvoir la précéder, être intentée cumulativement avec elle, ou la suivre, et qui, selon les cas, prenait les noms d'*actio doli mali*, *actio in factum pœnale*, *utilis Aquilia*, *depositi*, *tabulis exhibendis*, *suppressi testamenti*, etc., nous nous bornerons à faire observer en ce qui a trait au faux :—Que cette dernière action pouvait être exercée par un esclave contre son maître, qu'il accusait d'avoir supprimé un testament dans lequel la liberté lui avait été léguée[4], ce qui constituait l'un des cas exceptionnels où l'esclave pouvait exercer une action à lui personnelle; — Que celui qui attaquait un testament comme faux ne pouvait utiliser les dispositions qui y étaient écrites à son profit; et que réciproquement, celui qui avait accepté un legs n'était pas reçu à argüer le testament[5], mais qu'il pouvait l'attaquer, bien qu'il l'eût déjà reconnu comme vrai, s'il avait ignoré qu'il fût infecté de faux[6].

---

[1] L. 15, C. h. t. — [2] L. 2, D. *De leg. Corn.* — [3] L. uniq., C. *Quando civ. act. prejudic.* — [4] L. 53, D. *De judiciis.* — L. 7, D. *De leg. Corn.* — [5] L. 5, D. *De his. qui ut indignis.* — [6] L. 3, D. *De leg. Corn.*

Par la même raison, celui qui avait transigé, dans l'ignorance de la fausseté, pouvait revenir sur sa transaction [1];
tandis que celui qui avait sciemment transigé sur le faux
ne pouvait ensuite contester la sincérité de l'acte [2].


## CHAPITRE II.

### DU QUASI-FAUX.

Nous avons déjà dit qu'il y avait à Rome une foule
d'actes dans lesquels on n'aurait pu voir ni altération de la
vérité, ni volonté de nuire, ni préjudice possible, et qui
néanmoins étaient punis des peines de la loi Cornelia. Ces
faits constituaient des quasi-faux, ainsi appelés *quia pu-
niuntur quasi falsi.*

Le quasi-faux était donc un crime tout particulier résultant, non point d'une loi morale, mais d'une loi arbitraire;
il consistait dans l'accomplissement d'un fait qui, bien
qu'il fût innocent en lui-même, était cependant puni d'un
châtiment sévère; les auteurs, et notamment Voët [3], le dé-
finissaient *quod, juris interpretatione, pro falso habetur
ac ut falsum vindicatur, licet vere non sit tale.*

Cujas appréciait autrement ce point de la législation romaine, car il disait [4]: *falsum est de testamentis; quasi
falsum de cæteris instrumentis vel causis quæ ex con-
stitutionibus aut senatus-consultis ad legem Corneliam
rediguntur;* en d'autres termes, il réservait le nom géné-
rique de quasi-faux pour les altérations commises dans les

---

[1] L. 42, C. *De transact.* — [2] L. 7, C. *Ad leg. Corn.*
[3] Voët; *ad Pand. de leg. Corn.* — [4] Tom. 2, pag. 315.

actes autres que les testaments, mais il nous est impossible d'adopter cette opinion, qui est directement contraire
aux dispositions du sénatus-consulte Libonien, lequel, en
instituant le quasi-faux, le faisait résulter précisément de
manœuvres opérées dans les testaments.

Cette fiction a été introduite, à Rome, par le sénatus-
consulte Libonien et l'édit de Claude. Longtemps on a discuté, à l'école, la question de savoir si ces deux monuments législatifs étaient différents, ou s'ils ne formaient
qu'un seul et même acte. Sans traiter cette question,
il nous suffira de dire que nous devons suivre, ici, l'opinion de Cujas. Ce sont, dit ce prince de la science, deux
actes distincts et séparés ; le premier doit être placé sous
le règne de Tibère et le deuxième a été porté par Claude ;
et il se fonde d'abord sur la loi 10 § 1, au Digeste *ad
legem Corneliam*, où le mot *senatus-consulta* se trouve
employé au pluriel, ce qui semblerait indiquer qu'il y a
au moins deux actes législatifs; mais le principal argument lui est fourni par la loi 3 au Code *de his qui sibi
adscribunt*, où les deux actes sont nommément et séparément désignés.

Quoi qu'il en soit, d'ailleurs, de cette discussion, il paraît
certain que c'est vers le règne de Tibère que ces innova-
tions ont été introduites dans le droit romain. Cette législation était éminemment fiscale, et l'on pourrait même
aller jusqu'à dire que son unique but était de procurer des
ressources au trésor, épuisé par les caprices des empereurs.
En effet, sous le prétexte d'empêcher les abus et les faux
qui pourraient être commis, le législateur défendait, sous
les peines mêmes du faux, des actes qui n'auraient pas été
prohibés sans cette disposition expresse de la loi, car ils

n'étaient nullement répréhensibles en eux-mêmes; et comme une des peines édictées était la confiscation des biens, le fisc s'enrichissait de cette application de la loi à un certain nombre de cas, qui devaient se présenter fort souvent dans la pratique.

Mais dans quels cas y avait-il lieu à l'application du sénatus-consulte Libonien?

Le quasi-faux existait dans le fait de celui qui écrivait, même sous la dictée du testateur [1], une disposition qui pouvait lui conférer personnellement un avantage. Par cette mesure préventive, qui mettait obstacle à tout débat sur le point de savoir si la disposition était, ou non, l'expression de la volonté du testateur, on avait voulu préserver celui qui l'avait écrite de la tentation d'ajouter une clause en sa faveur, dans le testament à la confection duquel il était appelé.

Et il importait peu que l'avantage fût fait à celui même qui avait prêté sa main à la rédaction de l'acte, ou au profit d'une personne qui aurait été placée sous sa puissance; car, dans l'un et l'autre cas, l'effet de la disposition aurait été le même. Aussi avait-il été réglé que, non-seulement la peine du faux devait recevoir son application, mais que le legs devait être frappé de nullité. On n'avait pas, non plus, à examiner si le legs était valable ou nul [2], il suffisait qu'il fût de nature à conférer un avantage quelconque au bénéficiaire ou aux siens.

Des textes spéciaux appliquaient la double pénalité que nous venons d'indiquer, notamment :

[1] L. 3, C. *De his qui sibi adscrib.* — [2] L. 0, pr. D. *Ad leg. Corn.*

1° A celui qui écrivait la confirmation d'un codicille dans lequel il lui était attribué un legs ou une part d'hérédité[1];

2° A l'héritier institué qui écrivait l'exhérédation du fils du testateur ou de toute autre personne[2], ou qui effaçait une disposition par laquelle sa part personnelle aurait été diminuée[3], verbi gratia, s'il supprimait une clause de fidéicommis ou d'affranchissement d'esclave ;

3° Au père de famille dont le fils ou l'esclave écrivait une disposition à son profit[4];

4° Au père de famille qui avait écrit un legs à l'avantage de son fils prisonnier qui, par l'effet de son retour, se trouvait remis sous sa puissance[5];

5° A celui qui écrivait à son profit l'assignation d'un affranchi[6].

Quant à celui qui écrivait, dans un testament, un legs au profit d'une personne étrangère, on présumait qu'il n'avait cédé à aucune mauvaise inspiration ; il n'était puni que lorsqu'il était constant qu'il avait altéré la pensée du testateur, et il était alors mis sur la même ligne que celui qui avait inséré dans l'acte une clause en sa faveur, en dehors de la volonté du disposant. Dans ces deux cas, l'auteur de l'écrit s'était en effet rendu coupable d'un véritable faux, réunissant les trois caractères exigés pour l'existence de ce crime; et, bien que cette distinction n'eût aucune utilité dans la pratique, puisque les peines étaient les mêmes, elle ne laissait pas que d'avoir son importance au point de vue théorique.

[1] L. 22, § 6, D. ad. leg. Corn. — [2] L. 6, § 1, D. h. t. — [3] L. 6, § 2, L. 22, § 7, D. h. t. — [4] L. 22, § 1, D. h. t. — [5] L. 15, pr. D. h. t. — [6] L. 22, § 8, D. h. t.

Accurse indique encore une autre espèce dans laquelle
il y avait lieu à l'application du sénatus-consulte Libonien;
c'était lorsqu'un frère écrivait pour son frère qui se trou·
vait, ainsi que lui, sous la puissance de leur père[1].

Cette législation était tout au moins étrange, et ce n'est
pas par de pareilles dispositions que la loi romaine a mérité
le nom de raison écrite. Ici rien n'est raisonnable, tout est
arbitraire et mauvais, en législation comme en morale.

Aussi la loi elle-même avait-elle compris tout ce qu'aurait
eu d'inique l'application de ces dispositions dans toute l'é·
tendue de leurs termes, et avait-elle admis certains cor-
rectifs que l'on retrouve dans quelques textes isolés, et que
l'on ne saurait grouper autour d'un principe général.

Ainsi, on échappait aux rigueurs du sénatus-consulte:

1° Si l'auteur avait écrit une disposition au profit d'une
personne qu'il croyait, à tort, être sous sa puissance[2];

2° S'il l'avait écrite en faveur de quelqu'un qui ne se
trouvait que plus tard être passé sous sa puissance[3];

3° S'il l'avait écrite pour sa mère[4] ou sa femme;

4° Ou en faveur d'un fils émancipé, ou donné en adop-
tion[5];

5° S'il avait écrit le testament de son fils militaire[6];

6° Si les dispositions incriminées avaient été ratifiées par
le testateur. Toutefois, cette ratification devait résulter de
termes spéciaux, par exemple de ces mots: *quod illi
dictavi et recognovi*, à moins que ce ne fût l'héritier du
testateur ou une personne en sa puissance qui eussent com-

[1] *Glose*, § 8. V. à ce sujet, L. 10, D. *Ad leg. Corn.* — [2] L. 22, § 4,
D. *h. t.* — [3] L. 10, § 1, D. *h. t.* Voy. Accurse. — [4] L. 11, § 1; l. 15,
§ 4; l. 18, D. *h. t.* — [5] L. 22, § 2, D. *h. t.* — [6] L. 11, pr. D. *h. t.*

mis le quasi-faux, auxquels cas une ratification en termes généraux devait suffire. Barthole prétend même que la signature et le sceau du testateur faisaient alors présumer la ratification ; Brunneman, au contraire, exigeait que la volonté fût formellement exprimée par l'écriture[1], la signature seule ne pouvant donner la certitude de l'intention de ratifier ;

7° Si le maître avait écrit en faveur de son esclave un legs pour l'époque où celui-ci serait libre[2];

Et il en était de même s'il avait écrit une disposition en faveur de son fils pour l'époque où il serait émancipé[3];

8° Si un testateur reconnaissait dans un codicile que l'esclave de Titius avait écrit son testament, dans lequel ce dernier était institué légataire, la peine, dans ce cas, était remise à l'esclave, mais Titius ne pouvait profiter de ce qui lui avait été légué[4];

9° Si le testateur se trouvait en danger de mourir intestat, il était permis à son fils d'écrire pour lui, et le testament était réputé en entier fait de sa main[5];

10° Si le fils s'exhérédait par la volonté de son père, il échappait également à la peine[6];

11° La peine ne pouvait non plus atteindre celui qui avait écrit le testament, quand il aurait pu, s'il eût été omis dans les dispositions qu'il contient, demander la possession des biens *contrà tabulas*;

12° La mère pouvait écrire le testament de son fils, et recevoir un legs par ce testament[7];

---

[1] L. 1, § 8, D. h. t.—L. 2, C. *De his qui sibi adscrib.*— Barthole, tom. 3, pag. 200.—Brunneman, tom. 14.—[2] L. 21, § 5, D. *De leg. Corn.*—[3] Ibid. —[4] L. 15, § 1, D. h. t.—[5] L. 1, C. *De his qui sibi adscrib.*—L. 13, pr., L. 15, § 3, D. *Ad leg. Corn.* — [6] L. 22, § 12, D. h. t.—[7] L. 15, § 4, D. h. t.

13° La fille, celui de sa mère[1];

14° Le mari, celui de sa femme[2];

15° Si le testateur dictait à son esclave, celui-ci ne pouvait se refuser à écrire; mais la liberté qui lui était léguée ne devait lui être accordée que si le testament avait été approuvé et ratifié[3];

16° Ce que nous venons de dire s'appliquait aux testaments militaires[4] : on remettait la peine à ceux qui avaient écrit les dispositions testamentaires, mais on annulait celles de ces dispositions qui étaient en faveur de celui qui avait écrit[5];

17° Les impubères étaient aussi exemptés de la peine[6];

18° On éludait encore la peine par la transaction[7]. La bonne foi et l'erreur, si elles étaient prouvées, étaient aussi des causes de l'exemption de la peine[8];

19° Zozius pense même que si celui qui avait écrit les dispositions du testament, en avait donné lecture au testateur, en présence des témoins, il était à l'abri du châtiment et pouvait recueillir les avantages que cet acte contenait en sa faveur.

Tels sont, en résumé, les faits punissables des peines du faux, par suite d'une législation qui, par cela seul qu'il y avait lieu de craindre que des faux ne fussent réellement commis dans quelques circonstances, punissait d'ores et déjà ceux qui accomplissaient ces actes, sans examiner si la la fraude les avait inspirés et s'ils réunissaient les caractères constitutifs de ce crime. Cette législation, nous ne

[1] L. 15, § 5, D. h. t. — [2] L. 4, C. De his qui sibi adscrib. — [3] L. 1, § 8. — L. 15, § 2 et 3, D. De leg. Corn. — L. 6, C. De his qui sibi. — [4] L. 1, § 7, D. Ad leg. Corn.— [5] L. 5, C. De his qui sibi adscrib. — [6] L. 22, pr. D. Ad leg. Corn. — [7] L. 7, C. h. t. — [8] L. 31, D. h. t.

saurions trop le répéter, était essentiellement mauvaise,
car elle réprimait des actes qui étaient innocents en eux-
mêmes, et elle frappait des citoyens, pour des crimes
qu'ils pouvaient n'avoir pas eu l'intention de commettre.

Voyons maintenant quelles étaient les peines que l'on
infligeait à ceux qui étaient déclarés coupables de faux ou
de faits assimilés à ce crime.

## CHAPITRE III.

### DES PEINES DU FAUX.

La loi Cornelia prononçait la peine de mort contre les
esclaves, et celle de la déportation contre les citoyens, avec
publication, c'est-à-dire confiscation de tous les biens [1]. La
loi 28, § 9 *De pœnis* au Digeste, changea la peine capitale
applicable aux esclaves en une condamnation aux travaux
forcés, *ad metalla*; plus tard, la confiscation ne fut plus
que de la moitié des biens, lorsque le condamné avait des
enfants [2]; et la novelle 134, chap. XIII, autorisa même,
en certains cas, les héritiers en ligne directe, jusques au
troisième degré, à appréhender l'entière succession. Adrien,
dans une constitution dont quelques fragments nous ont
été conservés par Paul et Modestin [3], avait même dans certains cas remplacé la déportation et la confiscation par la
rélégation temporaire; mais Constantin rétablit ces premières peines, et ajouta même que la mort serait encourue

---

[1] L. 1, § 13, D. *De leg. Corn.* — [2] L. 10, C. *De bonis præscriptorum.*
[3] L. 21 et 32, D. *De leg. Corn.*

si l'énormité du crime le requérait[1] (*si exigat magnitudo criminis*); et l'empereur Léon, précisant quel devrait être ce méfait d'une haute gravité qui devait entraîner l'application de la peine capitale, déclare[2] que c'est le faux duquel il aurait pu résulter que cette même peine eût été prononcée contre la victime, et il ordonne que, dans ce cas, le faussaire subisse le châtiment qu'il voulait faire infliger à autrui, et soit condamné à la décollation.

En ce qui concerne les tabellions, nous trouvons un édit des empereurs Gratien, Valens et Théodose qui les punit de la peine du feu[3]; mais cette disposition, inspirée par de nouveaux principes, qui classaient les divers faux suivant les actes dans lesquels ils étaient commis, ne peut être considérée comme appartenant réellement à la législation romaine, telle que nous avons dû la résumer d'après les textes insérés dans le Digeste et dans le Code.

Du reste, l'action criminelle, comme presque toutes les actions pénales, était prescriptible par le laps de vingt années[4].

Nous trouvons dans les historiens un exemple mémorable d'une poursuite intentée à Rome, non pas seulement à raison d'un faux, mais pour un grand nombre de crimes commis par les membres d'une société secrète, dite des Bacchantes, et parmi lesquels se trouvaient des fabrications d'actes et des productions de faux testaments.

---

[1] L. 23, Cod. *ad leg. Corn.* V. Annotations de Charondas sur le tit. 39 de la Somme rurale de Bouteiller.
[2] Novell. 77. — [3] L. 1, Cod. *de immunit, nem. conced.*
[4] L. 12, C. *Ad leg. Corn.*

Suivant Tive-Live, cette association avait pris naissance
dans l'Étrurie, et elle s'était introduite à Rome vers l'an 566,
sous le prétexte de célébrer des mystères ; mais les initiés,
après s'être fait une habitude de se livrer, dans des réu-
nions nocturnes tenues dans une profonde obscurité, à
tous les excès de l'ivresse et de la débauche, en étaient
venus à commettre des assassinats, à porter de faux témoignages, à fabriquer de fausses signatures, et à supposer de faux testaments. Le consul Posthumius, ayant eu
connaissance de ces horribles méfaits, instruisit le Sénat de
l'affaire ; le peuple fut convoqué, et les principaux coupables furent arrêtés au milieu de l'effroi que cette association
avait inspiré. Ceux qu'on ne put convaincre que de s'être
fait initier et d'avoir prêté la formule du serment, qui comprenait l'engagement de tous ces excès et de tous ces crimes, furent condamnés à la déportation ; mais ceux qui
furent trouvés coupables des meurtres et de la fabrication
des actes et des testaments, furent punis du dernier supplice [1]. Leur nombre était si grand, que les femmes qui en
faisaient partie furent remises entre les mains de leurs parents et de leurs tuteurs pour être exécutées en secret, et
que ce ne fut qu'à leur défaut qu'elles furent publiquement
mises à mort. Les consuls furent ensuite chargés de faire
détruire les lieux où s'étaient réunis les Bacchantes, et le
Sénat rendit un décret qui prohibait à l'avenir de célébrer
de pareils mystères ou toute autre cérémonie de cette nature, soit à Rome, soit dans toute l'Italie.

[1] Liv. 39, nos 8 et 18. — V. aussi Velleius Paterculus.

# DEUXIÈME PARTIE.

---

# DROIT FRANÇAIS ANCIEN.

Vers le v<sup>e</sup> siècle de l'ère chrétienne, apparurent au nord de l'Europe de hordes de barbares, dont les avant-gardes étaient déjà plusieurs fois venues se briser contre le courage des vétérans ; leur nombre incalculable, la fréquence de leurs irruptions, l'impétuosité de leurs attaques, leur présence simultanée sur les divers points de l'Empire, rendirent, cette fois, impuissants tous les efforts qui furent tentés pour les refouler ou même les retenir ; leurs débordements successifs finirent par envahir le sol romain tout entier, et la ruine de l'empire d'Occident fut consommée par la chute de l'empereur Augustule.

La Gaule n'avait pu rester en dehors de ces révolutions, et, après de longs déchirements, elle se trouva divisée en quatre parties distinctes :

Les Gallo-Romains, restes de la population romaine, se groupèrent dans la Septimanie. Les Visigoths s'établirent dans l'Aquitaine, les Burgondes à l'est, et les Francs au-delà de la Loire.

Ces peuples divers, avec leurs mœurs, leurs lois, leurs

usages, ont contribué, chacun pour leur part, aux origines de notre droit, et c'est dans les monuments qu'ils nous ont laissés, que nous allons essayer de retrouver et de suivre les dispositions législatives qui régissaient le faux.

I. Les habitants de la Septimanie conservèrent les lois romaines que nous avons déjà exposées ; mais ces lois ne tardèrent pas à être modifiées par le droit canonique, que l'on trouve déjà en vigueur dès les premiers siècles de l'ère chrétienne. Après l'invasion, ce droit s'était infiltré dans les Gaules par la juridiction des évêques. Saint Paul[1] avait exhorté les fidèles à faire vider leurs différends par des membres de l'Église, et les évêques avaient été naturellement choisis pour cet office. Constantin avait, en 318, rendu une constitution qui accordait à leur décision la force exécutoire; des canons de l'Église avaient formellement prescrit aux clercs de leur déférer la connaissance de leurs contestations, et des capitulaires de 789 et 794 avaient consacré leurs pouvoirs ; ce dernier avait même institué une cour de chrétienté. Les Gallo-Romains furent les premiers à préférer ces tribunaux pour la solution de leurs litiges ; les Germains et les Francs les imitèrent, et leur autorité fut peu à peu reconnue par tous les peuples barbares catholiques. Ils se placèrent même si haut dans l'estime des populations, qu'une confédération de seigneurs s'organisa contre eux en l'année 1247[2]. Leurs décisions étaient du reste de beaucoup supérieures à celles des cours laïques, puisqu'on les voit au vi[e] siècle proscrire le combat et les épreuves judiciaires.

---

[1] 1 Epist. ad Corinth., c. 6, v. 1 et seq.
[2] Aug. Thierry; Lettres sur l'Hist. de France.

Le droit canonique prévoyait le crime de faux en écriture ; il existe même des lettres du pape Innocent III , qui indiquent les diverses manières dont ce crime peut être commis, et qui sont résumées en ces deux vers :

*Forma, stylus, membrana, litura, sigillum,*
*Hæc sex falsata dant scripta valere pusillum[1].*

On l'avait classé parmi les méfaits qui méritaient une punition sévère[2], et Justinien avait inséré au Code, titre *de episcopis*, une loi portant que tous ecclésiastiques déclarés faussaires étaient dégradés de droit et devaient être privés de leurs offices. La bulle *In cœna Domini* en fit un cas d'excommunication majeure réservé au pape; mais ces peines n'étaient pas les seules : nous voyons en effet, au *Corpus juris canonici*[3], que les falsificateurs des lettres ou sceaux du prince ou des actes du pape, sont en outre livrés à la justice séculière , qui appliquait les peines ordinaires du faux , c'est-à-dire, en général, la mort. Gomez cite le fait d'un archevêque qui fut brûlé pour avoir falsifié une bulle du

---

[1] V. Durand de Maillanes; Dict. de droit canon. vᵒ Faux diplôme, Exemption. — V. D'Héricourt; Lois eccl., ch. 2, nᵒ 11 et suiv. — V. *Corpus juris canon.*, décret de Grégoire XV, t. 2, l. 20, c. 5.

Qu'il nous soit permis de rappeler les réflexions très-justes qu'a faites M. Maistre , dans son livre *Du Pape*, tom. I , pag. 172 et suiv., sur la facilité plus grande qu'offrait la perpétration du faux dans l'antiquité et dans le moyen âge , et qui tenait à ce que l'écriture était moins caractérisée et à l'usage du parchemin; tandis qu'aujourd'hui la main la plus habile se voit paralysée par le genre de notre écriture, et surtout par notre papier, qu'il appelle un don remarquable de la Providence, et qui s'imbibant, dit-il, de la pensée humaine, ne permet pas qu'on l'altère sans en laisser des preuves, et ne la laisse échapper qu'en périssant.

[2] V. Conc. d'Epaone en 517;—d'Agde en 506, can. 50.—[3] *Loc. cit.*, c. 7.

pape. Duperrai[1] et Durand de Maillanes[2] en rapportent d'autres exemples. Quant aux faux commis dans les autres actes, ils étaient punis de l'excommunication pour les laïques, de la privation des bénéfices et offices pour les clercs, ainsi que de l'exil et de la marque ; mais cette marque, destinée à faire reconnaître le coupable, ne devait occasionner ni la mort, ni la perte d'un membre, ni être placée sur le visage[3]; elle ne pouvait produire qu'une lésion sur la peau, sans cependant faire jaillir le sang. Au demeurant, cette peine, non plus que celle de l'exil, ne pouvait jamais être appliquée que par les juges laïques.

Quant à ceux qui avaient seulement fait usage du faux sans en être les auteurs, ils étaient frappés : les laïques d'excommunication, les clercs de la perte de leurs offices et bénéfices. — Ces lois imposaient, en outre, l'obligation à ceux qui se trouvaient détenteurs de fausses lettres, bulles ou actes émanés du pape, de les déchirer dans les vingt jours, sous peine d'excommunication[4].

II. Les lois visigothes vinrent aussi apporter leur contingent à l'édifice de notre ancienne législation. Si l'on en croit Isidore de Séville, ils n'eurent pendant longtemps que des usages ou coutumes, et ce ne fut que sous Euric qu'ils commencèrent à posséder des lois. Levigild les corrigea et en publia un recueil dont Récarède fit un abrégé qui nous est parvenu, et que Chindasuinde et son fils Reccessuinde augmentèrent, en y ajoutant des textes tirés des lois

[1] Traité de la capacité, l. 2, ch. 4, nº 24.
[2] Dict. de droit canon, vº *Faux*.
[3] Décrétales d'Urbain III.
[4] *Corpus juris. canon.* Grég., l. 5, tit. 20, c. 4.

romaines. Alaric II, en 506, fit faire le *Bréviaire* qui porte son nom, compilation un peu confuse des textes de Papinien, Gaius, Ulpien, Paul et Modestin, et des codes Grégorien et Théodosien, et qui nous est aussi connu sous le nom de *lex romana Visigothorum*. Enfin, Égika fit une nouvelle révision de toutes ces lois, les colligea, les publia en un nouveau recueil, pour lequel il sollicita l'approbation du 16e concile de Tolède. C'est ce qu'on appelait les lois, *leges*, lesquelles ne pouvaient être modifiées que par une décision du peuple assemblé.

En ce qui concerne notre sujet, et tandis qu'en Italie Théodoric maintenait la peine de mort[1], et que les Longobards édictaient l'amputation de la main[2], la loi visigothe, consacrant au faux un titre tout entier[3], faisait une distinction qui était inconnue à Rome, et qui est l'origine de celle qui est passée en nos codes relativement à la nature des actes falsifiés. Si le coupable avait commis un faux dans les actes émanés de l'autorité royale, il subissait l'amputation de la main, lorsqu'il était de basse extraction; les coupables de race noble ne devant perdre que la moitié de leurs biens. Pour tout autre faux matériel ou toute tentative du même crime, la peine était moins grave, et elle consistait dans la confiscation du quart des biens[4], pour ceux qui avaient une fortune supérieure au préjudice qu'aurait

---

[1] *Edictum Theodorici*, c. 41. — Lindenbrog.; *Codex legum antiquarum*, pag. 248.

[2] *Longobardorum lex*, l. 1, tit. 29, et l. 33, tit. 55.

[3] Tit. 5 du liv. 7, c. 1 et 2. — Don Bouquet; *Rerum Gallicarum et Franciscarum scriptores*. — Lindenbrog, pag. 151.

[4] Ces biens étaient attribués 1/4 au fisc, 3/4 à la personne qui avait été lésée par le faux.

pu occasionner le faux. Ceux dont la fortune était inférieure, ainsi que toute personne vile, quelles que fussent
ses richesses, étaient donnés en esclavage à celui à qui le
faux aurait pu nuire ; dans tous les cas le coupable recevait
cent coups de fouet. Lorsqu'un esclave commettait un faux
par ordre de son maître, c'était ce dernier qui devait sup-
porter la peine et le dommage.

Quelques dispositions spéciales étaient encore édictées sur
cette matière ; ainsi, étaient considérés comme faussaires
et punis comme tels :

1° Ceux qui ouvraient le testament d'un homme vivant
ou cachaient celui d'un homme mort. Dans ce dernier cas,
ils perdaient le bénéfice que leur aurait assuré la fraude,
ainsi que celui des dispositions que contenait en leur faveur le testament celé, et ces dispositions devaient profiter
à ceux au préjudice desquels la fraude avait été commise ;
l'infamie s'attachait en outre à la personne du coupable[1] ;

2° Ceux qui viciaient tout écrit de manière à l'empêcher
de produire un effet[2] ;

3° Celui qui faisait usage de faux actes délivrés au nom
du prince et des juges. Si l'accusé invoquait sa bonne foi, il
devait faire connaître la personne de qui il tenait ces actes,
et dans le cas où il ne le pouvait ou ne le voulait, il devait
être condamné[3] ;

4° Ceux qui s'attribuaient de fausses parentés ou com-
mettaient tout autres impostures[4] ;

5° Ceux qui fabriquaient des actes d'une date antérieure
ou postérieure à celle d'un autre acte au sujet duquel une

---

[1] Chap. 4 et 5. — [2] Chap. 2. — [3] Chap. 3. — [4] Chap. 6.

discussion existait entre deux parties, et qui, s'ils eussent
été véridiques, auraient tranché la difficulté que présentait
le litige. Dans l'un et l'autre cas, l'infamie était encourue
comme peine accessoire. Il en était de même pour celui
qui, dans un acte spécial, faisait insérer à l'insu de l'autre
partie une clause générale de nature à dirimer une con-
testation née ou à naître, relative à un sujet autre que celui
auquel se référait cet acte spécial [1].

Tel est, en peu de mots, et pour ce qui concerne le faux,
le résumé de cette législation visigothe, dont les dispositions,
assez détaillées d'ailleurs, dénotent une civilisation déjà
avancée.

III. La loi des Burgundes [2] ne contenait, au contraire,
que quelques dispositions éparses, se rapportant au faux
en général, et qui n'ont que peu de relation avec le faux
en écriture.

IV. Les Francs, ainsi que nous l'avons dit, s'étaient
établis dans le nord de la Gaule, où s'étaient aussi retirés
les Gaulois refoulés par la conquête romaine; et une première question qui devrait être examinée, serait celle de
savoir si les Francs s'étaient inspirés, pour leurs institutions, des principes du droit que suivaient les Gaulois, ou
si, au contraire, ils leur avaient imposé les lois qu'ils
apportaient avec eux. Mais c'est là une difficulté qu'il est
impossible de résoudre, alors surtout qu'il ne nous reste
aucun monument de la législation gauloise; et quelques

[1] Ch. 7 et 8.
[2] *Lex Burgundionum*, chap. 80. — Lindenbrog, pag. 203,

auteurs romains ont reconnu que, même de leur temps, il était très-difficile d'avoir une opinion à cet égard.

Les premiers documents que nous possédons sont des ouvrages sur la législation franque.

Cette législation était double comme le peuple lui-même, qui se divisait en Saliens et Ripuaires. Les Francs Saliens étaient régis par la loi salique, et les Francs Ripuaires par la loi *Ripuariorum* ou *Bajuvariorum*, qu'avait édictée le roi Dagobert. La première ne connaissait pas le faux en écriture, elle ne prévoyait que le faux témoignage, qu'elle punissait d'une amende de 600 deniers ou 15 sous d'or [1]. La seconde condamnait le faussaire à payer une réparation égale au préjudice qu'il avait voulu causer [2]. Les rois de la première race n'apportèrent aucun changement à cet état de choses; mais Charlemagne s'en occupa spécialement : il réunit dans ses Capitulaires les divers textes épars [3], sans rien changer à la peine qui était précédemment appliquée; seulement il soumit à la réparation que devaient payer les faussaires, celui qui avait injustement accusé quelqu'un de s'être rendu coupable de faux [4]. Les capitulaires étaient des décrets publiés par les rois, comprenant des lois anciennes et nouvelles, des décisions, des instructions, et quelquefois même de simples préceptes de morale. Ils se succédèrent en très-grand nombre; Baluze en a réuni quarante-huit qu'il attribue au seul Charlemagne, et dont le principal,

[1] *Lex Salica*, ch. 50.

[2] Baluze; *Capitularia regum Francorum*. — Capit. de Dagobert, tit. 8, art. 17.

[3] *Id.*, Capit. de Charlemagne, l. 6, art. 314, 361 ; l. 7, art. 197, 196, 318, et capit. de l'an 803, chap. 2, § 7.

[4] *Id.*, cap., l. 5, art. 350.

très-étendu et divisé en sept livres, peut être considéré
comme un ouvrage à peu près complet. La plus ancienne
collection qui en ait été faite est celle d'Ansegise, publiée
en 827, et qui fut approuvée par Louis-le-Débonnaire et
par Charles-le-Chauve. En 845, Benoît Lévite compléta
cette collection et en fit un recueil qui nous est parvenu.

D'après divers auteurs, et notamment Bazile Hérolde,
ces documents étaient très en honneur, non-seulement en
France, mais encore dans toute la chrétienté, et le respect
dont ils étaient entourés était si grand, qu'au dire de certains chroniqueurs on aurait préféré manquer aux lois di-
vines que de ne pas observer les capitulaires [1]; aussi leur
autorité fut-elle immense, et elle se soutint en Allemagne
jusqu'à l'avènement des Othon, et en France jusqu'aux
écrits de Gratien et même jusqu'au règne de Philippe IV.

Mais, bien avant ce temps, de nombreuses coutumes s'é-
taient introduites dans ces divers pays. Les règnes malheu-
reux qui suivirent celui de Charlemagne, dit Montesquieu [2],
les invasions des Normands, les guerres intestines, replon-
gèrent les nations victorieuses dans les ténèbres d'où elles
étaient sorties. On ne sut plus ni lire ni écrire, cela fit
oublier en France et en Allemagne les lois barbares écrites,
le droit romain et les capitulaires,... et par la chute de tant
de lois il se forma partout des coutumes;... Du temps du
roi Pepin [3], les coutumes qui s'étaient formées avaient moins
de force que les lois, mais bientôt les lois furent détruites
par elles; et comme les nouveaux règlements sont toujours

[1] V. Prolégomènes très-intéressants de Baluze.
[2] Esprit des lois, liv. 28, ch. 11. — [3] Ibid., ch. 12.

des remèdes qui indiquent un mal présent, on peut croire
que du temps de Pepin on commençait déjà à préférer les
coutumes aux lois.

On peut suivre, dans le même écrivain [1], les causes qui
contribuèrent à accréditer les coutumes, et qui furent les
chartes particulières et générales qu'octroyèrent nos rois
au commencement de la troisième race, telles que les Établissements de Philippe-Auguste, et ceux que fit saint
Louis ; — les chartes, que les grands vassaux, de concert
avec les seigneurs qui tenaient d'eux, donnèrent dans les
assises de leurs duchés ou de leurs comtés, telles que l'as-
sise de Geoffroy, comte de Bretagne, les coutumes de Nor-
mandie accordées par le duc Raoul, celles de Champagne
données par le roi Thibauld, les lois de Simon comte de
Montfort et autres ; — les affranchissements des serfs et les
règlements qui durent intervenir pour que le seigneur reçût
l'équivalent des biens dont il était privé ; — les ouvrages
que des praticiens habiles, comme Desfontaines, Beau-
manoir et autres, rédigèrent pour fixer les coutumes de
leurs bailliages, et qui, bien qu'il n'eussent d'autorité que
par la vérité et la publicité des choses qu'ils disaient, ont
cependant beaucoup servi à la renaissance de notre droit
français. — Enfin, les rédactions, dans tout le royaume,
des diverses coutumes locales, qui furent prescrites par
Charles VII et ses successeurs, et dans lesquelles les assem-
blées de chaque province cherchèrent à rendre ces coutumes aussi générales que cela se pouvait faire sans blesser
les intérêts des particuliers, qui étaient expressément ré-
servés. Aussi, et dès cette époque, nos coutumes prirent-

---

[1] Ibid., ch. 45.

elles trois caractères : elles furent écrites, elles furent générales, et elles reçurent le sceau de l'autorité royale.

Ainsi qu'il est facile de s'en convaincre, en jetant seulement les yeux sur le *Grand coutumier de France*, ces
coutumes étaient très-nombreuses ; chaque province, chaque
ville importante a ait la sienne, et il nous suffira d'en indiquer les plus célèbres :

Au xɪᵉ siècle, les Assises de Guillaume-le-Conquérant et
de Jérusalem ; au xɪɪᵉ, les *Libri feudorum*; au xɪɪɪᵉ, le Conseil de Pierre Desfontaines, les Établissements de saint
Louis, la Coutume de Beauvoisis ; au xɪⱽᵉ, les Olim de Jean
de Montluc, la Somme rurale de Bouteiller, le Grand Coutumier de France ; au xⱽᵉ, l'Ordonnance de Montilécourt,
qui prescrit la réunion de toutes les Coutumes en un seul
livre.

Il serait intéressant d'étudier la législation du faux dans
chacune de ces coutumes qui, pendant plusieurs siècles,
ont régi le sol de notre pays ; il serait curieux d'en com-
parer les nombreuses dispositions, de les relier entre elles,
et d'en faire ressortir le caractère dominant ; mais ce travail
serait trop long et hors des proportions de notre thèse; il
ferait à lui seul l'objet d'un ouvrage spécial[1], et il faut nous
contenter de citer, comme exemples, quelques dispositions
de certaines coutumes particulières.

1° L'ancienne coutume de Bretagne condamnait les faussaires à être bouillis et pendus[2], et celle du Maine portait
que les coupables seraient pendus et étranglés[3].

---

[1] V. l'ouvrage intitulé : *Justitia criminalis Laur. Bochelli*, avocat de
Paris, ch. 22.

[2] V. Grand Coutumier de France. — [3] *Ibid.*

2° En Sicile, au xii° siècle, le faussaire était puni de mort, mais sa bonne foi empêchait l'application de la peine[1].

5° D'après les lois qui régissaient, au xiii° siècle, les royaumes de Jérusalem et de Chypre, l'écrivain qui fabriquait sciemment un faux privilége ou une charte de notaire, devait avoir la main droite coupée et être banni du royaume; et celui qui avait fait fabriquer ces actes et les avait produits devant les tribunaux, subissait, s'il était noble, lige ou non lige, la peine du bannissement, et devait être pendu s'il n'était qu'un simple bourgeois[2]. « D'autre part, les Latins, dit M. le comte Beugnot, ne parlant pas la langue des Turcs, des Arabes et des Grecs, avaient besoin d'interprètes dans leurs rapports journaliers avec la population syrienne, comme avec les commerçants et les étrangers qui n'étaient pas européens; et, comme on ne peut disconvenir que ces interprètes, dont il est souvent question dans les chartes, ne fussent en mesure et même en disposition de tromper les Latins qui les employaient, il était juste que la loi réprimât sévèrement des fraudes trop faciles à commettre. » Aussi ces écrivains, qu'ils fussent Sarrasins ou Français, étaient, en cas de faux portant préjudice au seigneur qui leur avait confié la perception des droits de péage, condamnés à la fustigation et à la potence[3]. M. Beugnot fait remarquer sur cette disposition, que si on ne savait pas que la législation d'outremer prodiguait la peine de mort, on pourrait à bon droit s'étonner de la voir prononcer pour un délit qui ne constitue en définitive qu'un abus de confiance.

[1] *Constitutiones Neapolitanæ sive Siculæ apud* Lindenbrog, liv. 3, tit. 40.
[2] Assises de Jérusalem, tom. 2, ch. 290.
[3] *Id.*, tom. 2, ch. 291.

4° A Montpellier, une sentence rendue aux nones de février 1227 par la cour du Bayle, constate que les biens des condamnés à des peines corporelles ne devaient pas être attribuées au fisc, et cette décision fut rendue à suite d'une enquête solennelle dans laquelle avaient été entendus de nombreux témoins, la plupart anciens curiaux ou jurisconsultes, produits par le lieutenant du roi d'Aragon et par les consuls de la ville. Deux de ces témoins attestent notamment, en ce qui concerne le faux, que des condamnés à raison de ce crime avaient été punis d'une forte amende ou de l'exil, mais qu'ils avaient conservé leurs biens ou que leurs fils les avaient recueillis[1].

5° Enfin nous citerons le procès le plus retentissant qui ait eu lieu au XIVᵉ siècle : celui qui fut suivi dans les années 1330 à 1335 contre Robert d'Artois troisième du nom, comte de Beaumont, qui, pour justifier les droits qu'il prétendait avoir à la comté d'Artois, possédée par la comtesse Mahaut, sa tante, à qui elle avait été adjugée par décision de Philippe-le-Bel, de l'année 1309, et de la Cour des pairs, de l'an 1318, produisit quatre pièces qui, après de longs débats, furent reconnues fausses, par sentence solennelle du 23 mai 1330.

Les auteurs de ces faux furent condamnés à la peine du feu, et Robert fut banni du royaume, avec confiscation de ses biens, par arrêt du 19 mars 1331, rendu par Philippe-de-Valois, en sa Cour des pairs, où avaient été appelés les princes du sang, les grands-officiers de la couronne et les principaux barons et prélats. Ce prince se réfugia en An-

---

[1] Cet acte inédit est rapporté aux registres communaux dits le *livre noir*, fol. 38, et le *Grand Thalamus*, fol. 24.

gleterre, où ses excitations déterminèrent Édouard III à
prendre le titre de roi de France, et à entreprendre une
guerre qui dura 120 ans, avec une fureur et un acharne-
ment qui ont peu d'exemples dans l'histoire[1].

On nous permettra d'indiquer aussi la sentence rendue
dans les premières années du XVI⁵ siècle, par Léon X, qui
condamna Sébastien Tarvissine, professeur de droit au Col-
lége romain, à être brûlé dans le champ de Flore, pour
avoir produit en justice un faux libelle; jugement dans lequel, observe Paul Jove, Léon X s'écarta des maximes de
douceur qu'il professait et appliquait dans le châtiment
des autres crimes[2].

Le régime des coutumes, battu successivement en brèche
par nos rois, au point de vue du droit criminel, se maintint jusqu'au XVI⁵ siècle, où il finit par succomber, pour
faire place à celui des ordonnances ; et c'est cette législation qu'il nous reste à étudier.

Ces monuments sont en nombre considérable[3]; et, pour
saisir plus facilement l'ensemble de leurs dispositions, il
est nécessaire de les étudier suivant que le faux avait été
commis dans l'exercice ou hors de l'exercice des fonctions
publiques.

[1] Mémoires de l'Académie des inscriptions et belles-lettres, tom.12,
pag. 469 et suiv., et tom. 15, pag. 338 et suiv.
[2] V. Paul Jove ; *In vita Leonis X*, liv. 4, pag. 38. — Roscoe, *ibid.*,
tom. 3, pag. 138.
[3] V. Édits et Ordonnances de mars 1531,—juin 1532,—octobre 1535,
— août 1536, — juillet 1670, — mars 1680, — janvier 1693, — janvier 1699, — août 1699. — mars 1720, — août 1725, — mai 1727, —
mars 1732, — mars 1737, — juillet 1737.

# CHAPITRE PREMIER.

## FAUX COMMIS DANS LES FONCTIONS PUBLIQUES.

L'édit de 1531 portait : « Sera puni et exécuté à mort, quiconque aura été atteint et convaincu d'avoir fait ou passé faux contract, faux témoignage en justice. » L'ordonnance d'octobre 1535, expliquant cette disposition, la restreignit aux seuls fonctionnaires publics, et sa décision fut confirmée par celle du mois d'août 1536. Mais, nous l'avons dit, ces ordonnances tombèrent en désuétude ; aussi Louis XIV fit-il publier l'édit de mars 1680, qui veut « que toute personne ayant fonction publique, par office, commission ou subdélégation, et leurs clercs ou commis, qui seront atteints et convaincus d'avoir commis faussetés dans la fonction de leur office, commission ou emploi, soient punis de mort, telle que les juges l'arbitreront, selon les cas. A l'égard de ceux qui, n'étant pas officiers et qui, n'ayant aucune fonction du ministère public, commission ou emploi de la qualité ci-dessus, auront commis quelque fausseté, ou qui, étant officiers, les auront commises hors la fonction de leurs offices, commissions ou emploi, les juges peuvent les condamner à telles peines qu'ils jugent convenables, suivant l'exigence du cas et la qualité des crimes. »

Quoique cette distinction fût aussi formellement établie, il paraîtrait, si l'on en croit certains auteurs[1], que l'on

---

[1] Denizart.; Répert. v° Faux, §3, n° 7. — Automne. Bornier, Conf. — Cochin, Jousse, Imbert, l. 3, c. 22, n° 1. — Basset, tom. 2, l. 9, cit. 5, c. 3. — V. Journal des audiences, arrêts, 30 mars 1699, 4 décembre 1703, 28 mars 1720.

admettait pour les officiers publics de larges circonstances
atténuantes, et que les peines étaient souvent prononcées
à l'arbitraire du juge. Quelques-uns disent même qu'en
pratique, elles étaient toujours ainsi appliquées pour les
greffiers, avocats, juges, procureurs, huissiers, contrôleurs,
médecins, experts, curés, notaires, c'est-à-dire dans presque
tous les cas.

Le faux pouvait être commis par les fonctionnaires, dans
l'exercice de leurs fonctions, de différentes manières :

1° Par les notaires :

— Lorsqu'ils supposaient présentes des personnes ab-
sentes ;

— Lorsqu'ils ajoutaient ou retranchaient à leurs actes ;

— Lorsqu'ils y inséraient de fausses clauses. S'il n'y avait
pas faute de leur part, mais seulement erreur ou malentendu, ils ne devaient être condamnés qu'à des dommages-
intérêts ;

— Lorsqu'ils niaient avoir fait un acte qu'ils avaient réellement passé ;

— Lorsqu'ils avaient perdu la minute d'un acte ;

— Lorsqu'ils n'avaient pas gardé une minute qu'ils devaient conserver ;

— Lorsqu'ils avaient omis une formalité substantielle, de
l'omission de laquelle résultait la nullité de l'acte ;

— Lorsqu'ils délivraient des expéditions non conformes
à la minute ;

— Lorsqu'ils passaient ou recevaient des actes dé-
fendus ;

— Lorsqu'ils affirmaient contre la vérité avoir collationné
une expédition.

2° Par les avocats et procureurs qui défendaient des

causes fausses, qui communiquaient les pièces aux parties adverses et qui les corrompaient;

3° Par les greffiers qui donnaient communication des pièces et actes secrets ;

4° Par les huissiers qui faisaient de faux exploits, et qui demeuraient seulement passibles de dommages-intérêts, s'il n'y avait que négligence de leur part, ou s'ils faisaient assigner par l'intermédiaire de leurs clercs ;

5° Par les contrôleurs qui faisaient de faux contrôles;

6° Par les médecins, experts, etc., qui faisaient de faux rapports. Ceux qui délivraient de faux certificats pour exonérer d'une charge, étaient seulement condamnés à l'amende, interdiction et dommages.

## CHAPITRE II.

### FAUX COMMIS EN DEHORS DES FONCTIONS PUBLIQUES.

Ce chapitre doit être divisé en deux paragraphes:
§ 1er. Faux en écriture publique ;
§ 2. Faux en écriture privée.

#### § 1. Faux en écriture publique.

1° *Bulles et écrits de Rome.* — Celui qui falsifiait ces pièces était excommunié, privé de son bénéfice, et livré au bras séculier pour être puni, comme ceux qui avaient falsifié les écrits du prince (édit de 1680, confirmé par celui de 1670).

Ces falsifications étaient autrefois fort communes: « Il n'est pas de matière, dit d'Héricourt, sur laquelle les faussaires aient plus exercé leur malheureuse industrie que sur les bulles des papes et, en particulier, sur celles qui regardent les privilèges et exemptions. Les uns ont fabriqué des bulles entières, les autres ont effacé l'écriture d'une bulle véritable pour y substituer un privilège qu'ils ont imaginé; d'autres ont transporté le sceau d'une bulle à un écrit particulier qu'ils ont qualifié de bulle apostolique; les autres ont collé sur des bulles un parchemin très-fin qu'ils ont rempli comme ils l'ont souhaité; d'autres, par une subtilité qui n'est pas moins criminelle, ont eu l'adresse de faire sceller des bulles que les papes n'ont ni approuvées ni reçues [1]. »

2° *Lettres, écrits et sceaux du prince.* — Ce crime avait d'abord été considéré comme une des faces de celui de lèse-majesté. Avant 1631, il était puni de l'amende honorable, du pilori, de la marque et du bannissement perpétuel [2]; cependant certaines coutumes édictaient la peine de mort [3], et ce, alors même qu'il n'y aurait pas eu dommage porté; mais, dans ce cas, les juges pouvaient la réduire. L'édit de 1680 prononça la peine capitale, sans distinguer s'il s'agissait de l'altération de l'écriture ou de celle du sceau, l'une et l'autre devant faire encourir la même condamnation.

3° *Papiers royaux et timbrés.* — D'après l'ordonnance de mars 1631, les falsificateurs des papiers royaux devaient être condamnés à mort, et, suivant l'édit de 8 juin 1632,

---

[1] Lois ecclés., l. 1, ch. 2, n° 11 et sq.

[2] Papon, l. 22, tit. 12, art. 3, V. arrêt de 1390.

[3] Labouret, tit. 19, art 4. Somme rurale de Bouteiller, tit. 39. « Et nous en avons vu aucuns de notre âge, dit Charondas, qui, pour tel cas, ont été pendus. »

le mode d'exécution de cette peine consistait dans la pen-
daison. — En ce qui concerne la falsification des papiers
timbrés, le châtiment variait depuis l'amende jusques aux
galères, conformément à l'article 20 de l'ordonnance du
mois de mars 1680. — Quant à la contrefaçon ou altération
des billets de banque, elle était réprimée par l'ordonnance
du 2 mai 1716, et celle des autres papiers de finance par
l'édit du 4 mai 1670.

4° *Actes publics.* — Le faux commis dans les actes
publics ou judiciaires était également puni de mort, par
l'ordonnance du mois de mars 1531, dont les dispositions
avaient été renouvelées par celle de mars 1680. Les autres
actes pouvant être falsifiés par des officiers publics ou par
de simples particuliers, les premiers devaient subir la peine
capitale ; et quant aux derniers, on distinguait : s'il s'agissait d'actes publics, le falsificateur encourait le même châtiment [1] ; tandis que pour les actes privés, la peine était
laissée à l'arbitraire du juge, à moins que le faux ne causât
un grand préjudice à l'État, ou qu'il ne fût commis par
habitude, circonstances qui devaient entraîner contre ses
auteurs l'application de la peine la plus sévère [2].

Enfin, la loi prescrivait la lacération de la pièce fausse,
en la présence des deux accusés, qui pouvaient, en outre,

[1] Jousse, IV, l. 3, c, 15, nos 11 et 12.
[2] V. Théveneau, sur l'édit de 1531, qui rapporte un arrêt de 1566,
qui condamne un procureur à être pendu pour avoir falsifié un arrêt.—
V. aussi Laroche-Flavin, qui cite un arrêt du 24 juillet 1580, qui condamne à la même peine un bachelier en droit pour avoir falsifié son
diplôme.

être condamnés à l'admonition, au blâme ou à l'amende honorable.

### § II. Faux en écriture privée.

Sont punissables, dit Expilly dans ses Arrêts[1], tous ceux qui écrivent ou ratifient des billets ou actes privés faux. Pour rendre plus rares tous ces différents crimes, faciles à commettre et difficiles à découvrir, la déclaration du 22 septembre 1733, dont les dispositions sont passées dans l'article 1326 du code Napoléon, ordonna qu'en matière civile tous billets sous seing privé, au porteur ou autrement, seraient de nuls effet et valeur en justice, si le corps de l'acte n'était écrit en entier de la main de celui qui l'avait signé, ou tout au moins si la somme portée auxdits billets n'était reconnue par une approbation en toutes lettres.

Suivant l'ordonnance de 1680, la peine était laissée à l'arbitraire du juge, et, en général, elle consistait dans la condamnation aux galères ou au bannissement[2]; mais elle pouvait être augmentée ou diminuée selon l'état de la personne. Ainsi, si le coupable était une personne vile, on lui coupait la main; si, au contraire, elle était honnête et bien famée, une peine pécuniaire était seule prononcée[3].

Il y avait aussi des cas d'excuse, que Jousse a pris soin d'énumérer[4], au nombre de six :

1° La bonne foi du faussaire ;

2° Sa minorité ou impuberté ;

3° La légèreté du faux, c'est-à-dire son peu de gravité ;

---

[1] Chap. 8.

[2] V. Journal des audiences, 15 juin 1691. Rebuffy, glos. 5, n° 110; Despeisses, tom. 2, pag. 608, n° 6. — [3] Grivel, déc. 101.

[4] Jousse ; Faux, part. 4, liv. 3, tit. 15, art. 7.

4° La simple omission par négligence ;

5° Quand le faux avait été commis pour rendre service à autrui ;

6° Enfin, s'il n'avait été exécuté que sur l'ordre de la personne sous la puissance de laquelle l'auteur était placé.

Les actes le plus souvent infectés de faux étaient les testaments, et on distinguait, pour l'application des peines, si le crime avait été commis par un étranger, auquel cas on appliquait la peine ordinaire, ou si c'étaient les héritiers qui s'en fussent rendus coupables, et on les punissait par la privation de la succession, ou des droits qu'ils pouvaient y avoir. Dans le cas où ce fût un fils de famille, il devait être exclu de l'hérédité, lui et les siens. En cette matière de testament, le faux existait : — soit lorsqu'on avait fabriqué un faux testament, ou fait écrire pour soi-même ou pour ses enfants une libéralité que le testateur n'avait pas eu l'intention de faire; — soit lorsqu'on avait supprimé l'acte; — soit lorsqu'on avait empêché quelqu'un de manifester sa volonté dernière ; — soit lorsque, par violence, on lui avait fait faire une disposition [1].

Quant au faux qui se révélait dans les autres actes, les peines variaient suivant les cas : ainsi, pour ce qui concerne la suppression d'un acte ou d'une pièce quelconque, on se demandait si cet acte avait de l'importance, s'il avait fallu employer la force pour le soustraire, si la personne qui en avait la garde était dépositaire public, etc.; toutes ces circonstances devaient faire impression sur l'esprit du juge, et le conduire à une saine appréciation de la criminalité de l'accusé et à une sage application de la peine laissée à son arbitraire.

[1] Muyart de Vouglans, liv. 3, tit. 15, n° 106.

L'action du faux était éteinte, comme en droit romain, par le laps de vingt ans, et on s'était demandé si ce délai courait du jour où le crime avait été commis, ou de celui où il avait été découvert. Dumoulin, Brodeau et d'autres auteurs croyaient qu'il fallait placer le point de départ de cette prescription au jour où le crime avait été perpétré ; mais il paraît que l'opinion contraire avait prévalu, et que, dans la pratique, ce n'était que la découverte du crime qui faisait courir la prescription[1]. S'il en était autrement, disait-on, le criminel maladroit serait condamné, tandis que l'impunité serait presque assurée à celui qui, après avoir accompli son crime, aurait été assez habile pour en déguiser l'existence[2].

L'action civile, sur laquelle on pouvait du reste transiger[3], ne se prescrivait que par trente ans[4]. Elle était, comme on le sait, indépendante de l'action criminelle ; et il pouvait arriver que l'une d'elles fût suspendue ou arrêtée pendant que l'autre continuait de se prescrire. Les auteurs citent, comme exemple, le cas d'une personne qui s'était mise en possession d'une hérédité en vertu d'un testament faux. Les héritiers du sang dépouillés par cet acte étant mineurs, la prescription ne dut commencer à courir contre eux que du jour de leur majorité, et ils eurent trente ans pour s'inscrire en faux contre le testament et revendiquer la succession, tandis que l'action criminelle était déjà prescrite par vingt ans à compter du crime ou de sa découverte.

---

[1] V. Muyart de Vouglans, — Boniface, — Guéret sur Leprestre.

[2] La question est résolue aujourd'hui en faveur de l'opinion de Dumoulin, par l'article 637 du Code d'instruction criminelle.

[3] Louet, c. 47, n° 0. — [4] Ord. de juillet 1737, art. 52.

# TROISIÈME PARTIE.

---

# DROIT FRANÇAIS MODERNE.

Nous avons vu qu'en ce qui concerne la pénalité encourue par les auteurs des faux, le droit romain n'admettait qu'une classe de ces crimes; que la législation des Visigoths avait commencé à établir une distinction basée sur la nature des actes; que l'ancien droit français avait suivi cette voie jusqu'à la fin du XVIIe siècle, et que l'ordonnance de 1680, admettant une classification nouvelle, punissait les faussaires de peines plus ou moins graves, selon qu'ils étaient ou non fonctionnaires publics agissant dans l'exercice de leur fonctions.

Le Code de 1791, adoptant cette même idée de la fixation de la peine suivant le caractère dont l'auteur du faux était revêtu, l'a cependant subordonnée à la division de la matière selon la nature de l'acte dans lequel le faux s'était produit; en conséquence, il s'est occupé successivement du faux : 1° en écriture publique; 2° en écriture de commerce; 3° en écriture privée; et 4° dans les certificats. Cette division est passée dans notre Code actuel, et c'est suivant que le faux se rapporte à l'une des quatre caté-

gorios ci-dessus, que l'on doit appliquer les diverses peines
édictées contre sa perpétration.

La distinction établie par l'ordonnance de 1680 était un
progrès évident, puisque l'officier public, à raison de son titre,
de la confiance que les citoyens doivent avoir en lui, de
la foi qui est accordée à ses déclarations, est doublement
coupable s'il se laisse égarer jusqu'à altérer la vérité ; car
il ajoute au crime un grave manquement aux devoirs de
sa profession.

Quant à celle qui avait été antérieurement introduite, et
qui a été consacrée par le Code de 1791, quelques auteurs[1]
ont soutenu que le caractère de l'acte qualifié ne devait
pas être pris en sérieuse considération pour l'application
de la peine, puisque la culpabilité est la même, que l'on
contrefasse ou qu'on altère un acte notarié, un billet de commerce, ou un acte privé. Mais il est facile de répondre qu'il
n'est pas exact de soutenir que le coupable n'est pas plus
répréhensible dans un de ces cas que dans l'autre, puisqu'on
ne saurait mettre sur la même ligne celui qui fabrique un faux
testament par lequel il dispose de l'entière fortune d'un citoyen, et celui qui délivre faussement un simple certificat
tendant à faire obtenir au porteur quelques secours pécu-
niaires; et en second lieu, que le préjudice qui peut résulter
pour l'ordre public et pour les particuliers, est évidemment
plus considérable lorsqu'il s'agit de la falsification d'un
acte dont l'authenticité est garantie par des fonctionnaires
revêtus d'un caractère spécial, ou d'un acte de commerce
qui peut entraîner la ruine d'un négociant honorable, que
lorsqu'il est question d'un acte sous signature privée, d'assez

[1] Notamment Chauveau, tom. 2, ch. 23.

minime importance pour qu'on n'ait pas cru devoir en
confier la rédaction à un officier public; et qu'il est juste
de faire entrer ce dernier élément dans la fixation de la
pénalité.

Parmi les codes étrangers, les uns ne distinguent nullement[1]; d'autres divisent selon les qualités de fonctionnaire ou de particulier[2]; d'autres, enfin, se placent au point
de vue de l'objet auquel tend le faux, et s'enquièrent s'il
porte atteinte aux propriétés, aux actes judiciaires, ou aux
livres de commerce[3].

Quoi qu'il en soit de toutes ces distinctions, nous allons
exposer la théorie générale du droit français actuel; et,
d'après ce que nous avons dit, cette étude doit se diviser
en quatre chefs qui formeront autant de chapitres :

Chapitre Ier  Faux en écritures publiques ;
— II. Faux en écritures de commerce ;
— III. Faux en écriture privée ;
— IV. Faux dans les certificats.

## CHAPITRE PREMIER.

### FAUX EN ÉCRITURES PUBLIQUES.

Trois points se présentent tout d'abord à l'esprit, et ils
doivent faire l'objet de trois sections séparées:

Section I. — Quelles écritures sont publiques?

Section II. — Faux commis par les officiers publics
dans les écritures publiques;

---

[1] Autriche, 1re part., art. 178, sq. — Brésil, art. 167. — *Penal Code of Georgia*, 7th division, § 1. — [2] Code prussien, art. 1384, sq. — [3] *New-York revised statutes*, art. 3, § 22.

Section III. — Faux commis par les particuliers dans les mêmes écritures.

### Section Ire. Quelles écritures sont publiques?

On appelle écritures publiques celles qui sont rédigées par des fonctionnaires publics agissant en vertu de leurs fonctions, et leur imprimant, à raison de ce, un caractère d'authenticité. Les actes authentiques, porte l'article 1317 du Code Napoléon, « sont ceux qui ont été reçus par un officier public ayant le droit d'instrumenter dans le lieu où ils ont été rédigés et avec les solennités requises.»

Les actes authentiques ou publics sont de diverses sortes, selon les autorités ou les fonctionnaires dont ils émanent ; on peut les ranger en quatre classes :

La première classe comprend les lois, les traités de paix ou de guerre, d'alliance, de commerce, les décrets, etc.

La deuxième renferme tous les actes judiciaires et même extrajudiciaires émanant des officiers ministériels, tels que jugements et arrêts; les actes des magistrats et des officiers de police judiciaire; ceux des avoués et des huissiers.

La troisième classe est de beaucoup la plus vaste, par la diversité des actes qu'on y rencontre ; elle embrasse, en effet, tous ceux qui émanent de l'autorité administrative et des diverses branches qui composent les services publics, notamment les actes de l'État civil (Cass., 25 juin 1810); les diplômes universitaires (Cass., 20 août 1825, 23 décembre 1841); les actes de remplacement militaire (Cass., 2 mars 1857); les registres des diverses administrations publiques: préfectures (Cass., 27 messidor an x), forêts (Cass., 6 janvier 1827), octrois (Cass., 2 juillet 1820),

postes (Cass., 7 déc. 1833), trésor public (Cass., 10 juillet
1806), contributions indirectes (Cass., 10 nov. 1808), enregistrement (Cass., 14 juin 1821), les registres d'écrou (Cass.,
10 février 1827), les timbres-poste (Cass., 4 octobre 1849),
les cachets des autorités (Cass., 11 ventôse an XII), les pièces
émanées des comptables de deniers publics, et sur le vu
desquelles les dépositaires de ces deniers effectuent paiement
(Cass., 29 avril 1825); les billets délivrés par les peseurs
publics (Cass., 16 déc. 1837) et par les essayeurs contrôleurs des matières d'or et d'argent (Cass., 19 mai 1826),
les lettres d'ordination (Cass., 29 août 1840), etc., etc.

Dans la quatrième classe se trouvent tous les actes émanés de divers officiers publics, tels que notaires, greffiers,
commissaires-priseurs et autres.

Un faux en écriture publique est donc celui qui est commis dans un acte dressé par un officier public agissant dans
l'exercice de ses fonctions et lui donnant ainsi le caractère
authentique. Sur quoi il faut remarquer :

Que le crime peut être commis sur la minute, comme
sur l'expédition de l'acte [1];

Qu'il n'est point nécessaire que le fonctionnaire ait eu connaissance de la fabrication ou de l'altération de l'acte, et qu'il
suffit que cette pièce présente les caractères apparents d'un
acte authentique et soit attribuée faussement à ce fonctionnaire [2];

Que la pièce incriminée doit présenter le caractère d'authenticité, c'est-à-dire porter la signature de l'officier
compétent pour affirmer ce qui est relaté dans l'acte et faire
accorder pleine créance à ce qu'il certifie. Aussi a-t-on

[1] Cass., 25 juin 1812. — [2] Cass., 15 octobre 1813, — 2 mai 1833.

jugé qu'il n'y avait pas crime de faux dans le fait d'un secrétaire d'évêché qui avait fabriqué de fausses dispenses
pour contracter un mariage[1] ;— d'un prêtre qui avait créé un
faux acte de mariage religieux[2] ;—d'un individu qui avait
émis des pièces attribuées à des personnes qui n'avaient
point le droit de les délivrer[3]. Il est évident que le signataire doit pouvoir agir en qualité d'officier public, car
sans cela il ne serait plus qu'un simple particulier, et l'é-
criture qui lui serait attribuée ne présenterait pas le caractère de l'authenticité;

Que la falsification d'un acte émanant d'un officier public
non encore assermenté, suspendu ou révoqué, ne constitue
aussi qu'un faux en écriture privée[4] ;

Qu'on ne saurait admettre, avec la Cour de Metz[5], que
l'étranger qui, pour se marier en France, fabrique de faux
actes de naissance, de faux certificats de publication et une
fausse lettre d'envoi portant la signature contrefaite d'un
officier public de son pays, ne commet pas un faux en écriture publique, s'il ne fait aucune démarche pour donner
la forme légale à ces pièces. Cet arrêt nous semble se mé-
prendre sur le sens des mots forme légale. Les pièces pro-
duites sont légalement formalisées, dès qu'elles sont délivrées
selon la loi du pays d'où elles sont censées provenir, et la léga-
lisation, qui est exigée en France, n'a, au point de vue qui
nous occupe, aucune importance, cette formalité n'ayant
pour but que d'attester l'authenticité, et n'étant pas un de
ses caractères constitutifs[6] ;

[1] Cass., 28 avril 1809. —[2] Cass., 13 octobre 1809. —[3] Grenoble,
7 mars 1820. —[4] Cass., 21 septembre 1837. —[5] Arrêt du 7 août 1821,
Ch. d'acc. —[6] Cass., 24 octobre 1812.

Enfin, que la question de savoir si l'écriture est publique, bien qu'elle soit une circonstance aggravante du crime,
ne doit pas être soumise au jury. C'est là une solution, non
du point de fait, mais d'une appréciation de droit exclusivement réservée à la Cour d'assises; le jury devra donc
être appelé à se prononcer sur chacune des questions de
fait relatives aux divers éléments du faux, et suivant ses
réponses la Cour, en résolvant la question de droit, sous la
haute appréciation de la Cour suprême, aura à décider si la
réunion de ces éléments donne à l'écriture arguée de faux,
le caractère authentique, commercial ou privé.

### Section II. Faux en écritures publiques commis par les officiers publics.

Ce crime est prévu et puni par les articles 145 et 146 du
Code pénal. Les peines dont sont atteints les officiers publics
lorsqu'ils commettent des faux dans l'exercice de leurs
fonctions, sont supérieures à celles qu'encourent les simples
particuliers qui se rendent coupables de faux en écritures
publiques, et nous avons déjà dit que cette distinction avait
pris très-justement place dans les dispositions de la loi
française, puisque le fonctionnaire est investi d'une part
de puissance et de considération qui doit augmenter sa
culpabilité quand il devient prévaricateur.

La loi distingue deux espèces de faux commis par l'officier public : le faux matériel et le faux intellectuel. Le premier consiste dans une altération de l'écriture, le second
dans une altération de la vérité que doit exprimer cette
écriture. Nous allons les étudier séparément en deux paragraphes distincts.

## § I. Faux matériel.

L'article 145 est ainsi conçu : « Tout fonctionnaire ou officier public qui, dans l'exercice de ses fonctions, aura commis un faux, soit par fausse signature, soit par altération des actes, écritures ou signatures, soit par supposition de personnes, soit par des écritures faites ou intercalées sur des registres ou d'autres actes publics, depuis leur confection ou clôture, sera puni des travaux forcés à perpétuité. »

Trois conditions sont précisées par cet article, pour entraîner la responsabilité du fonctionnaire. Il est nécessaire : 1° qu'il y ait faux matériel; car, ainsi que nous l'avons déjà dit, et que nous serons amené à le redire encore, il ne saurait y avoir de faux là où la vérité n'a pas été altérée; 2° que le fonctionnaire ait qualité pour rédiger les actes, et c'est dans cette circonstance que se puise l'aggravation de sa criminalité; 3° que le fonctionnaire ait agi dans l'exercice de ses fonctions, car un faux qui serait par lui commis dans des actes autres que ceux qu'il a mission de dresser, ne tomberait pas sous l'application de l'article 145, et serait soumis à celle de l'article 147. Tel serait le cas d'un notaire qui falsifierait un acte de l'état civil, ou qui mettrait au bas de sa minute une fausse mention d'enregistrement[1]. Mais il rentrerait dans les dispositions du premier de ces articles, si, en délivrant expédition de sa minute, il y faisait mention de cet enregistrement, car il commettrait alors un faux dans les actes de son ministère[2].

[1] Cass, 27 janvier 1815. — V. contr., Cass., 30 juin 1808, — 21 janvier 1837, — 5 octobre 1843. — [2] Cass., 11 juin 1821.

La loi ne se borne pas à indiquer quelles sont les conditions nécessaires et déterminantes du crime de faux matériel, elle énumère encore les divers modes par lesquels ce crime peut être perpétré.

Ils sont au nombre de trois. Le faux peut, en effet, avoir lieu :

Par fausses signatures ;

Par supposition de personnes ;

Par altération d'écritures et signatures.

*Fausses signatures.* — On commet un faux par fausse signature quand, au bas d'un écrit, on appose comme sienne celle d'autrui, et la loi ne met aucune différence entre le cas où la signature ainsi apposée appartient réellement à un tiers, même illettré, et celui où le nom que l'on a écrit n'est porté par aucune personne existante ou ayant existé. Dans les deux hypothèses, le faux est également constitué[1]. Il n'est point nécessaire, non plus, que le seing que l'on contrefait soit plus ou moins exactement imité et reproduit, il suffit que le nom existe à l'état de signature[2].

*Supposition de personnes.* — Il y a supposition de personnes quand un officier public indique, comme présente à l'acte qu'il rédige, une personne absente. Mais pour que cette supposition devienne un élément du crime, il faut qu'elle soit faite frauduleusement. Si l'officier public a été trompé, il ne saurait être l'objet d'une poursuite criminelle. Si, tout en étant de bonne foi, il a cependant été

[1] Cass., 29 novembre 1811, — 16 juillet 1813, — 25 juin 1840.
[2] Cass., 1er mai 1812, — 31 décembre 1813. — Jurispr. constante.

négligent et n'a point pris les précautions nécessaires
pour s'assurer de l'identité des personnes qu'il ne connaissait pas, cette négligence le rend passible des peines disciplinaires. Cela résulte des principes généraux que nous
avons développés dans notre définition du faux, ainsi que
de la discussion qui a eu lieu au Conseil d'État, sur la rédaction de l'article 145 du Code pénal. La commission du
Corps législatif avait proposé d'ajouter dans cet article, à la
la suite des mots, « par supposition de personnes », les
mots « frauduleusement par lui faite ou par lui connue ».
M. Berlier fit observer «qu'il ne pouvait y avoir supposition
de personnes que lorsque l'auteur de la fausse déclaration
avait agi sciemment; si lui-même était trompé, il n'y aurait
qu'erreur... D'ailleurs, l'addition demandée semblerait
absoudre totalement le notaire imprudent qui, lorsqu'il ne
connaît pas les parties, ne prend pas la précaution de se
les faire certifier » ; et l'amendement fut rejeté comme
inutile.

Par application des règles que nous venons d'énoncer,
la Cour suprême a jugé qu'il y avait faux par supposition de personnes : — de la part d'un greffier de juge de
paix qui, dans les expéditions par lui rédigées et délivrées, a faussement constaté le concours du juge [1];—et de
la part de l'huissier qui atteste comme remis par lui à une
femme, un exploit qu'il a réellement donné à son mari[2];
— ou qui affirme avoir fait une signification qui n'a été
remise que par son clerc[3].

Mais tous ces arrêts reconnaissent que si , dans chacune
de ces espèces , l'intention frauduleuse n'existait pas et

1 Cass., 20 avril 1827. — 2 Cass., 22 mai 1806. — 3 Cass., 21 juin 1810.

qu'il n'y eût que négligence , on ne pourrait appliquer que des peines disciplinaires , telles qu'elles sont réglées par le décret du 14 juin 1813.

*Altération , suppression , intercalation d'écritures sur des registres ou actes. publics.* — Cette dernière énonciation est la plus large, et elle comprend tout changement fait dans un acte depuis sa confection, ou sur un registre depuis qu'il a été clos ou arrêté par l'autorité compétente.

Il y a altération toutes les fois que l'on fait subir à un acte une modification matérielle de nature à le détruire , ou à changer les faits ou conventions qui y sont relatés.

L'altération doit, nous le savons déjà , avoir pour mobile une intention frauduleuse, et elle doit pouvoir occasionner un préjudice à autrui.

Aussi n'y a-t-il pas faux dans le fait d'un huissier qui, après coup, ajoute la mention de sa patente dans un acte qu'il a dressé et signifié[1] ; ni dans le fait d'un président ou juge qui , avant l'enregistrement et sur la réclamation des parties ou les observations de ses collègues, corrige , d'après ses souvenirs et ceux de ces derniers, la rédaction d'un arrêt ou d'un jugement, suivant le sens dans lequel il a été prononcé à l'audience[2] ; ce magistrat ne fait , au contraire, qu'accomplir un rigoureux devoir.

L'altération doit, pour être incriminée, produire un changement dans l'acte : ainsi, quand elle porte sur un fait étranger à sa substance, on ne saurait y trouver, en général, le caractère d'un crime[3]. Mais nous ne partageons pas

[1] Cass., 9 janvier 1806. — [2] Limoges, 20 avril 1837.
[3] Cass., 18 fructidor an XIII.

l'avis de la Cour de cassation; qui a décidé , par arrêt du
24 prairial an XIII , que le notaire qui altère la date d'un
acte terminé , afin de prolonger le délai de l'enregistrement , ne commet pas un faux quand il est constaté que
cette altération n'a eu lieu que parce que le notaire n'avait
point l'argent nécessaire pour faire l'avance des frais de
l'enregistrement. Il nous paraît , au contraire , que cette
hypothèse rentre dans la qualification de la loi pénale ,
puisqu'on y retrouve et la fraude et le préjudice. La fraude
réside dans l'intention de se soustraire au double droit
auquel donnait lieu l'accomplissement du délai, et le préjudice consiste, pour l'État, dans la perte qu'il éprouve
par suite du défaut de perception de ce double droit qui
avait été encouru. La décision devrait être la même dans
le cas d'un courtier ou agent de change qui altérerait la
date de ses actes pour soustraire des créanciers aux pertes
d'une faillite , ou pour placer une vente dans des conditions plus ou moins avantageuses , et en fixer le prix à
un taux plus ou moins élevé [1].

Le mot altération est général et s'entend de tous les
changements faits sur un écrit : Il comprend les ratures ,
les surcharges , les interlignes et les renvois non approuvés qui ne sont pas concomitants à la rédaction de l'acte.
On comprend, en effet, que si ces modifications sont intervenues en présence de toutes les parties et au moment de
la signature, elles ne peuvent qu'être réputées faire partie
du texte de l'acte lui-même , puisqu'elles sont , comme
lui , l'expression de la volonté commune ; à la vérité, la
loi du 25 ventôse an XI, voulant maintenir les actes publics

[1] Cass., 11 fructidor an XIII.

dans toute leur pureté, afin que leur aspect fût net et d'une lecture facile, et désirant d'ailleurs éviter que, à la faveur d'une rature ou de toute autre correction, on pût porter atteinte aux dispositions qu'ils contiennent, a proscrit, par une répression pécuniaire, toute surcharge et tout interligne, alors même qu'ils seraient approuvés, et a exigé, sous la même peine, que, si quelques corrections étaient reconnues nécessaires au moment de la passation de l'acte, les parties les régularisassent par leur signature au bas d'un renvoi ou d'une apostille; mais, nous le répétons, aucune des contraventions à ces dispositions réglementaires ne peut constituer le crime de faux, qu'autant qu'elles seraient intervenues après que l'acte a reçu son entière confection [1].

D'après les précisions dans lesquelles nous venons d'entrer, il faudrait reconnaître qu'il y a faux de la part d'un notaire qui, sur un testament olographe à lui remis, ajouterait des parenthèses ou virgules qui pourraient en altérer le sens. La Cour de cassation a, par son arrêt du 22 octobre 1812, semblé ne pas adopter cette doctrine; mais sa décision ne constitue qu'un arrêt d'espèce, et elle a même implicitement sanctionné le principe, puisqu'elle a reconnu que, dans le cas sur lequel elle avait à statuer, le préjudice ne pouvait exister, la nouvelle ponctuation du testament n'en ayant pas changé le sens. Rien ne saurait donc infirmer notre décision, qui repose sur la véritable doctrine.

[1] Cass., 18 fructidor an XII.

## § II. Faux intellectuel.

Le faux matériel que nous venons d'étudier est prévu par l'article 145 du Code pénal, et c'est du faux intellectuel que parle l'article 146.

Ce dernier article est ainsi conçu : « Sera aussi puni des travaux forcés à perpétuité, tout fonctionnaire ou officier public qui, en rédigeant des actes de son ministère, en aura frauduleusement dénaturé la substance ou les circonstances, soit en écrivant des conventions autres que celles qui auraient été tracées ou dictées par les parties, soit en constatant comme vrais des faits faux, ou comme avoués des faits qui ne l'étaient pas. » Le genre de faux dont il est ici question ne se décèle par aucun signe apparent ; il gît tout entier dans l'insertion d'une clause opposée à la volonté des parties, dans la constatation de faits ou circonstances contraires à la vérité.

Mais la jurisprudence, interprétant les dispositions de notre article, a fait une large part aux erreurs ou aux distractions dans lesquelles peut tomber l'officier public : une méprise, une phrase mal énoncée d'un côté, mal saisie de l'autre, peuvent amener des confusions ; cet officier lui-même peut avoir un moment d'oubli ou une inattention, et, pourvu qu'on ne voie pas dans ces actes une intention frauduleuse et nuisible, on doit reconnaître qu'ils ne renferment aucun faux. Que si, lorsqu'il y a négligence, même de bonne foi, il résulte desdits actes un préjudice pour les parties, celles-ci pourront réclamer des dommages-intérêts ; et, en tout cas, des poursuites disciplinaires atteindront le fonctionnaire, pour lui rappeler constamment l'importance que la société attache à la rédaction de ses actes, et le soin qu'il doit porter à l'accomplissement des devoirs de sa charge.

Aussi croyons-nous que la Cour de cassation s'est écartée des véritables principes, dans son arrêt du 21 avril 1837, qui décide « qu'un notaire qui avait écrit faussement que le testateur avait dicté son testament en présence des témoins, alors même qu'il était bien constaté que cet acte était l'expression fidèle de la volonté du défunt, devait être mis en accusation [1] ». Dans cette espèce, le testament n'ayant pas été reçu avec toutes les formalités voulues par la loi, pouvait être déclaré nul pour défaut de formes; mais l'acte n'en était pas moins véridique, et il n'y avait eu aucune intention frauduleuse: sa rédaction pouvait seulement porter préjudice aux héritiers institués, qui, dans le cas où il aurait été annulé, se seraient trouvés privés de la succession; et la Cour a confondu le faux punissable avec l'irrégularité qui aurait motivé seulement des poursuites disciplinaires et une action en dommages et intérêts.

C'est ce que la Cour de cassation elle-même avait reconnu dans un arrêt du 17 juillet 1838, qui porte : « qu'il appartient aux chambres d'accusation de reconnaître dans les faits qui leur sont présentés les éléments du faux, c'est-à-dire, l'altération de la vérité dans une intention criminelle et qui a pu porter préjudice à des tiers. »

Indépendamment des trois conditions principales et élémentaires du crime de faux, il est nécessaire, pour que le faux intellectuel existe comme crime, qu'il réunisse quel-

[1] V. même sens, Cass., 17 mai 1820.

ques autres conditions spéciales. Il doit, en effet, comme
le faux matériel, être commis par un officier public agissant
dans l'exercice de ses fonctions et dans les actes de son
ministère. Il faut encore que l'altération de la vérité soit
commise dans la substance de l'acte; et il est nécessaire,
enfin, que l'attestation du fait réputé faux ne soit pas subordonnée à l'appréciation de l'officier public, à son intel-
ligence et à sa science, qui peuvent, malgré lui, l'induire
en erreur.

Parcourons maintenant les cas dans lesquels la jurisprudence a reconnu qu'il y avait faux intellectuel.

Se rendent coupables de ce faux :

1° Le notaire qui dresse un acte de vente, alors que les
parties ne veulent faire qu'un bail [1];

2° L'officier public qui, d'accord avec une ou plusieurs
parties, insère à l'avantage de celles-ci et au préjudice d'une
autre, des clauses que cette dernière n'aurait pas acceptées [2];

3° L'officier de police judiciaire qui, dans un procès-
verbal, relève faussement une circonstance de nature à ag-
graver, si elle était vraie, le crime ou le délit qu'il constate [3];

4° L'officier de l'état civil qui atteste faussement que les
publications d'un mariage ont eu lieu, ou qui, dans ces publications, insère de fausses énonciations relatives au domicile des parties [4];

5° Les officiers publics qui mettent de fausses dates à
leurs actes [5], ou certifient les avoir rédigés dans un lieu

[1] Cass., 7 janvier 1808. — [2] Cass., 31 mai 1839.
[3] Cass., 13 octobre 1826. — [4] Cass., 23 février 1843, — 28 mai 1837.
[5] Cass., 15 juillet 1810.

où ils sont compétents, tandis qu'ils les ont faits hors de leur ressort [1];

6° L'officier public qui constate comme réel un fait controuvé, et pour la constatation duquel il a charge d'instrumenter [2]; à défaut de cette mission, l'acte ne serait pas de son ministère, et on ne saurait y voir un faux ;

7° Le greffier qui altère la mention du montant des droits perçus par lui, apposée sur son expédition, laquelle, quoique simplement marginale, participe néanmoins de l'authenticité de l'acte, en ce qu'elle est prescrite par la loi [3];

8° L'agent de change qui falsifie le registre tenu en exécution de l'article 84 du C. de commerce, et que la jurisprudence considère comme une écriture publique, par suite du caractère de l'officier dont il constate les opérations [4];

9° Le comptable des deniers publics qui inscrit sur ses livres des sommes inférieures à celles qu'on lui a payées, ou qui omet volontairement de porter ces dernières en recette [5].

La peine dont sont atteints les officiers qui commettent des faux en écriture publique, est une des plus rigoureuses. La loi, nous en avons déjà fait l'observation, leur a communiqué une partie de sa puissance, en leur donnant le droit d'être crus dans leurs affirmations jusques à inscription de faux, et elle a dû vouloir punir de toute sa

[1] Cass., 16 juin 1808. — [2] Cass., 8 oct. 1807. — [3] Cass., 28 juin 1855.
— [4] Cass , 10 juillet 1860. — Voir dans le même sens, Pardessus,
Dr. comm., t. 1, n° 126. — Chauv. et Hélie, t. 2, p. 413 et s.—Contr.,
Mollot, Bourses de comm., t. 1, n° 106 et 209. — Alauzet, Comment.
C. de com., t. 1, n° 350.
[5] Cass., 30 déc. 1858. — Montpellier, Ch. d'acc., 15 juillet 1861.

sévérité ceux d'entre eux qui se montreraient indignes de sa
confiance, et oublieraient à la fois leurs obligations de citoyen et leurs devoirs de fonctionnaire public.

### SECTION III. Faux en écritures publiques commis par des particuliers.

L'art. 147 du Code pénal est ainsi conçu : « Seront punis
des travaux forcés à temps toutes autres personnes qui auront commis un faux en écriture authentique ou publique,
soit par contrefaçon ou altération d'écritures ou de signatures, soit par fabrication de conventions, dispositions,
obligations ou décharges, ou par leur insertion après coup
dans les actes, soit par addition ou altération de clauses, de
déclarations ou de faits que ces actes avaient pour objet de
recevoir ou de constater. »

Le faux dont il s'agit ici ne peut être commis que par des
particuliers ou par des officiers publics agissant en dehors
de l'exercice de leurs fonctions. La peine édictée contre
les coupables est encore très-grave, mais elle n'est plus
motivée, comme dans la section précédente, par la qualité de
l'agent, elle se base seulement sur l'importance des actes
dans lesquels ce faux se révèle, et sur la gravité du préjudice qui peut en résulter pour les tiers.

Cette section doit être divisée en trois paragraphes, dans
lesquels nous aurons à examiner :

La contrefaçon ou altération d'écritures ou de signatures ;

La fabrication de conventions, obligations ou décharges;

L'insertion après coup, l'addition ou l'altération de clauses, déclarations ou de faits que les actes ont pour but de constater.

### § 1. Contrefaçon, altération d'écritures ou de signatures.

En ce qui concerne la contrefaçon ou l'altération de signatures, le crime existe toutes les fois que l'on ne signe pas de son nom véritable.

Il y a également contrefaçon quand on signe de son nom, mais en ajoutant un prénom autre que le sien[1], afin de pouvoir se soustraire à des recherches[1], par exemple aux poursuites de ses créanciers.

La décision doit encore être la même dans le cas où quelqu'un figurerait sous son nom dans un acte, pour simuler la présence d'une autre personne portant le même nom que lui[2].

Nous devrions aussi voir une contrefaçon dans le fait de celui qui, ne sachant ou déclarant ne pas savoir signer, prendrait devant un notaire un nom autre que le sien, afin que la mention de cet officier suppléât à sa signature[3].

Mais la femme mariée ou la veuve qui stipule sous son nom de fille, ne se rend pas coupable de faux, car elle a réellement deux noms, et elle peut prendre à son gré celui qui lui convient.

Il en est de même, aussi, de celui qui prend un nom qui qui ne lui appartient pas, mais sous lequel il est généralement connu[4].

[1] Cass., 3 octobre 1806.
[2] Cass., 31 juillet 1830, — 13 octobre 1830.
[3] Cass., 13 juin 1812.
[4] Cass., 24 août 1809,—2 décembre 1810.—Ce cas s'est présenté dans

Quant à la contrefaçon ou altération d'écriture, elle est, en général, accompagnée de celle de la signature; car un acte non signé ne saurait porter préjudice à autrui, puisqu'il n'a aucune valeur par lui-même. Cependant on peut très-bien concevoir une contrefaçon ou une altération d'un corps d'écritur tracé au-dessus d'une signature véritable, et c'est le cas qu révoit ici la loi.

Il y a co açon ou altération d'écriture toutes les fois que, dans un ps d'écriture véritable, on ajoute, on retranche ou on co rige un mot, une lettre, devant changer le sens des phrases ; ou bien quand, à un corps d'écriture, on en substitue un autre, soit en enlevant les premiers caractères à l'aide de procédés chimiques ou mécaniques, soit en adaptant par-dessus un autre papier, soit même en rapportant, au pied d'un corps d'écriture faux, une signature non altérée.

### §. II. Fabrication de conventions, dispositions, obligations ou décharges.

Ce crime se commet de deux manières :
Par fabrication d'écrits ;
Par supposition de personnes.

*Fabrication d'écrits.* — Remarquons d'abord que les écrits fabriqués doivent être revêtus de tou s les signatures nécessaires pour leur donner l'apparence d'un acte authentique; mais cette circonstance ne suffirait pas, et il est né-

l'espèce très-curieuse d'un individu qui, condamné à mort, était revenu dans son pays, où il était connu depuis plus de vingt ans sous le nouveau nom qu'il s'était donné.

cessaire que l'acte entier soit supposé; par exemple, qu'il y ait fabrication d'un faux contrat de mariage ou de décès pour soustraire quelqu'un à la conscription[1], ou d'un faux diplôme universitaire[2]. C'est la fabrication de ces actes qui est prévue et punie par les dispositions qui nous occupent.

Il y a faux par fabrication d'écrits quand on fait signer à quelqu'un un acte pour un autre, par exemple une vente, en lui persuadant que c'est un bail; quand on fait signer une quittance pour une somme plus forte que celle dont le créancier veut décharger le débiteur[3];

Celui qui fait fabriquer un acte sera puni de la même peine que s'il le fabriquait lui-même[4].

Si l'acte n'est susceptible de produire aucun effet civil, à cause de l'incompétence des officiers qui sont censés l'avoir rédigé, il ne saurait y avoir faux, le préjudice n'existant pas[5].

Aussi a-t-on jugé que la fabrication de faux actes de célébration d'un mariage religieux[6], ou de décès d'un militaire, par un prêtre desservant un hôpital[7], ne saurait être considérée comme un faux et punie comme tel, car ces actes n'ont aucune valeur au point de vue du droit civil. La Cour de cassation a cependant décidé[8] que le faux matériel suffisait pour attirer sur son auteur les peines de l'article 147; mais cet arrêt est contraire aux principes que nous avons exposés, et qui consistent à ne punir le faux

---

[1] Cass., 24 mars 1808. — [2] Cass., 5 septembre 1833.
[3] Cass., 1er février 1838. — [4] Cass., 5 septembre 1844. — [5] Cass., 28 avril 1809. — [6] Cass., 13 octobre 1809. — [7] Cass., 17 août 1815. — [8] Cass., 13 mai 1831.

que lorsqu'il réunit les trois éléments d'altération de la vérité, de fraude et de préjudice.

*Supposition de personnes.* — Nous nous sommes déjà expliqué sur les cas dans lesquels ce crime est commis par les officiers publics; nous allons parler ici de l'hypothèse où il le serait par de simples particuliers. La question s'était élevée sur les termes mêmes de l'article 147, de savoir si ses dispositions prévoyaient cette espèce de crime; on a quelque temps discuté, mais on s'est bientôt accordé à reconnaître que cet article punissait la supposition de personnes de la part des particuliers dans les actes publics. Après quelques hésitations, la jurisprudence s'est fixée en ce sens [1]; et cette opinion trouve un puissant argument de droit dans la discussion qui eut lieu au Conseil d'État, lors de la rédaction du Code pénal. M. Jaubert demandait, en effet, que le faux par supposition de personnes fût nommément désigné dans l'article 147. M. Berlier lui répondit que les mots *fabrication de conventions* étaient des termes généraux qui embrassaient la supposition de personnes et d'autres circonstances que la loi n'avait pas pu prévoir.

La supposition de personnes comprend les avantages que se font les parties dans un acte, au préjudice d'un tiers qui est supposé présent, et dans le but de créer des engagements de la part de ce dernier [2]. Il n'est point nécessaire que ce tiers soit déclaré avoir pris part à la rédaction des écritures ou signatures [3]; il suffit qu'il soit intervenu une

[1] Cass., 20 février 1817, — 18 janvier 1828, — 5 septembre 1811. — C. de cass. de Belgique, 6 février 1833. — [2] Cass., 14 septembre 1821. — [3] La jurisprudence est constante.

écriture[1] constatant les fausses déclarations, et qui devrait être rectifiée pour être véridique[2].

Il y encore faux par supposition de personnes, dans le fait de celui qui, pour toucher à la poste le montant d'un mandat, déclare ne pas savoir signer, et fait attester par deux témoins qu'il porte un nom autre que le sien : dans ce cas, le seul coupable est la personne qui réclame le paiement, pourvu que les témoins soient de bonne foi[3]. Le même crime peut être commis par un individu qui se présente pour un autre au conseil de révision[4], ainsi qu'aux examens des Facultés[5]. Nous devons noter que la tentative de ce crime est punissable[6], et c'est un des cas, assez rares d'ailleurs, où la tentative de faux tombe sous l'application de la loi pénale.

**§ III. Insertion, addition ou altération de clauses, de déclarations ou de faits que les actes ont pour objet de recevoir et de constater.**

Ce faux n'a lieu que par l'altération des faits que l'acte a pour objet de constater, c'est-à-dire de ceux qui sont essentiels et tiennent à la substance même de l'acte. Toute autre fausse déclaration ou altération de déclaration ne saurait donner lieu à des poursuites criminelles; par exemple, si, dans l'acte de naissance d'un enfant, le père et la mère se déclarent mariés alors qu'ils ne le sont point, cette déclaration, accessoire à l'acte, constitue un mensonge et non un faux, puisque l'acte n'a pas été réellement altéré dans sa substance.

[1] Cass., 25 janvier 1844. — [2] Cour Liége, 17 décembre 1831.— [3] Cass., 17 juillet 1820. — [4] Cass , 22 juin 1835. — [5] Cass., 24 décembre 1863. — [6] Cass., 9 juillet 1807. — Nimes, 11 juin 1835.

Mais il y a faux par altération de clauses, déclarations, etc.:

1° Quand un individu se présente à l'état civil pour consentir au mariage d'une personne dont il se dit faussement le père, et qu'il signe, en effet, l'acte en cette qualité [1];

2° Quand on présente à l'état civil un enfant dont on est le père, et que l'on signe du nom du mari de la mère, alors même que ce dernier serait frère du déclarant [2];

3° Quand une femme fait inscrire, comme étant à elle, un enfant qui ne lui appartient pas [3];

4° Quand, pour opérer la révocation d'une donation, on déclare mensongèrement la naissance et le décès d'un enfant qui n'a pas existé [4];

5° Quand on déclare, dans une intention criminelle, qu'une femme est accouchée d'un enfant mort-né, si le fait n'est pas vrai [5];

6° Quand on ajoute dans un acte notarié, longtemps après sa rédaction, une signature dont l'omission entraînerait la nullité de l'acte [6].

7° Quand on se fait passer pour un autre, à l'effet de recevoir et de soustraire les actes qui lui sont signifiés [7]. Mais l'usurpation d'une qualité n'est punissable et ne constitue le faux que lorsqu'elle a pu porter préjudice à autrui [8].

Toute altération dans les actes émanés d'un officier public, d'un fonctionnaire, d'un préposé d'une administration publique, constitue un faux: on peut donner comme

---

[1] Cass., 6 août 1807. — [2] Cass., 28 décembre 1808, — 5 février 1808. — [3] Cass., 25 novembre 1808. — [4] Grenoble, 29 février 1831. — [5] Toulouse, 17 octobre 1839.

[6] Cass., 7 novembre 1812. — [7] Cass., 27 juin 1811. — [8] Cass., 2 mars 1809.

exemple celle qui aurait lieu sur les actes de l'État civil [1], sur les registres de l'administration [2], sur les timbres et caractères de la poste [3], etc.

Mais l'altération des notes mises au bas et en marge d'un acte ne constitue pas un faux [4], à moins qu'elles ne soient destinées à le compléter, rectifier ou annuler, et alors il y a faux en écriture, tout comme si on altérait l'acte lui-même ; cette règle serait notamment applicable à l'altération de l'endossement d'un bon négociable du mont-de-piété, cette mention ne participant pas de l'authenticité de l'acte [5].

Une dernière question s'est élevée : celle de savoir si le fait de se faire écrouer à la place d'un autre constitue le crime de faux. Nous croyons devoir répondre, avec la Cour de cassation [6], qu'en principe il y a réellement crime ; et, en effet, l'altération de la vérité existe dans un acte destiné à la constater ; le préjudice existe aussi pour la société, puisque, un méfait ayant été commis et puni, la répression n'atteint pas le vrai coupable. Quant à l'intention, ce sera une question de fait que les magistrats et le jury seront appelés à résoudre par une appréciation souveraine. Le cas ne s'est, du reste, présenté que deux fois, devant les Cours de Colmar et de Paris, et dans ces deux espèces les juges n'ont pas été convaincus qu'il y eût intention frau-duleuse.

[1] Cass., 19 mai 1826, — 25 novembre 1819. — [2] Cass., 2 juillet 1829. — [3] Cass., 4 octobre 1849. — [4] Cass., 1er décembre 1842, — Grenoble, 8 juillet 1836. — [5] Cass., 3 mars 1864. — [6] Cass., 10 février 1827.

# CHAPITRE II.

Nous avons déjà dit pourquoi l'authenticité des actes était une cause d'aggravation de culpabilité. La foi pleine et entière qui leur est accordée, le caractère de ceux qui les rédigent, ont porté le législateur à élever la peine du faux commis dans les écritures authentiques ou publiques. La protection due au commerce, la confiance que ses transactions doivent inspirer, les graves inconvénients et même les désastres qui peuvent résulter de la perpétration des faux en cette matière, et la facilité qu'a le coupable de les commettre, ont déterminé les auteurs de la loi à mettre sur la même ligne le faux en écritures de commerce ou de banque, et le faux en écritures publiques, commis par les particuliers ; et telle est la disposition de l'art. 147 du Code pénal. Tout ce que nous venons de dire, dans la section III du chapitre précédent, reçoit donc ici son application, et il nous suffit de nous y référer. Nous voulons seulement préciser qu'en cette espèce de falsification, le crime existe dès que l'intention frauduleuse est établie, car un préjudice en résulte toujours pour les tiers au détriment desquels on a cherché à se procurer un bénéfice.

Mais demandons-nous ce qu'il faut entendre par écritures de commerce ou de banque. Le Code pénal ne contenant aucune disposition sur ce chef, nous sommes obligé de nous reporter au Code de commerce, et il résulte de la combinaison des articles 652 et suivants de ce Code, que l'on doit appeler écritures de commerce ou de banque, tous effets, tous écrits constatant des opérations, entreprises, expéditions, engagements, accords ou conventions, relatifs à des obligations commerciales. Il ne suffit donc pas que l'écrit soit signé par un commerçant, il faut encore qu'il soit commercial, qu'il ait pour objet une opération réputée acte de commerce[1]. Réciproquement, il n'est pas indispensable qu'il soit le fait d'un commerçant, car tout le monde sait qu'une personne non commerçante peut faire un acte de commerce, et, à raison de cet acte, rédiger des écritures qui sont commerciales par leur essence; mais cette différence existe entre les commerçants et les non-commerçants, que les actes des premiers sont, jusqu'à preuve du contraire par eux administrée, réputés actes de leur commerce; tandis que les actes des non-commerçants sont considérés comme des actes civils, jusqu'à ce que le contraire soit établi. Toutefois, la lettre de change étant, par sa nature, un fait commercial, constitue toujours, et indépendamment de toute preuve à faire, un acte de commerce, sans distinguer si elle émane d'un négociant ou d'une personne civile, à l'exception pourtant du cas où elle porterait la signature d'une femme ou d'une fille qui ne serait ni négociante ni marchande publique, l'art. 113 du même Code déclarant que ces signatures ne valent, à leur égard, que comme simples promesses.

Il suit de là: d'abord, que sauf l'exception que nous venons d'indiquer, et qui ne pourrait même être invoquée s'il était établi que ces signatures se réfèrent à des actes de commerce[2], tout individu déclaré coupable d'un faux

---

[1] Cass., 23 janvier 1861. — [2] Cass., 5 septembre 1828.

en matière de lettres de change, est punissable des peines portées en l'art. 147. En deuxième lieu, que toute écriture signée par un négociant, étant réputée commerciale, alors qu'elle n'est considérée que comme écriture privée quand elle porte la signature d'une personne non commerçante, le faux qui serait commis dans le premier cas rentrerait dans l'application de notre article, tandis que dans le deuxième il n'encourrait que les peines prescrites par l'art. 156. Enfin, que ces résultats pourraient être modifiés par les preuves contraires qui résulteraient des débats.

Ainsi, sont atteints par les dispositions de l'article 147 :

1° Celui qui fabrique une lettre de change signée des faux noms du tireur et de l'endosseur [1] ;

2° Celui qui tire une lettre de change sous un nom supposé, quand même il l'accepterait ensuite en son propre nom, puisque, dans ce cas, les endosseurs et le bénéficiaire de la lettre sont privés des droits que la loi leur donne contre le tireur [2]. Nous admettrons, toutefois, que si, trompé par l'usage abusif existant à cet égard dans certaines villes de commerce, il avait agi sans intention criminelle, il pourrait être relaxé à raison de sa bonne foi [3] ;

3° Celui qui ajoute un ou plusieurs endossements à une lettre de change, pour lui donner plus de crédit [4] ;

4° Celui qui remplit et antidate sur des traites, des ordres laissés en blanc [5].

Le billet à ordre n'est pas commercial de sa nature, comme la lettre de change ; pour qu'il présente ce caractère, il faut qu'il ait pour cause une opération commerciale, et, alors

---

[1] Cass., 10 août 1815. — [2] Cass., 10 septembre 1807. — [3] Cass., même arrêt. — [4] Cass., 1er octobre 1825. — [5] Cass., 6 avril 1809.

seulement il devient écriture de commerce. Il le devient encore lorsque la signature qui y est apposée est celle d'un commerçant ; cette circonstance devant suffire à elle seule pour faire réputer, jusqu'à preuve contraire, cet acte commercial, et nous n'avons pas besoin de dire qu'il en est de même dans le cas de l'apposition d'une signature sociale[1].

La mention : *valeur reçue en marchandises*, n'implique pas la commercialité de l'effet, car ces marchandises peuvent avoir été achetées pour une consommation individuelle ou de famille, aussi bien que pour le commerce[2]. Mais jusqu'à preuve contraire elle la fait supposer.

La mention de l'*ordre* ajoutée à un billet civil, pour le rendre transmissible, ne saurait non plus changer sa nature et lui donner un caractère commercial[3]. Et si l'altération porte sur cette mention, c'est un faux en écriture privée qui est commis[4], alors même que le billet à ordre civil serait endossé par des commerçants[5], et que celui à l'ordre de qui il est passé ferait aussi le commerce[6]; car la nature d'un billet dépend moins de sa forme que de l'acte auquel il se réfère.

Posons donc en principe que lorsqu'il n'est pas établi que la signature de l'effet est celle d'un commerçant, ou que le billet se réfère à un acte de commerce, il n'y a pas lieu d'appliquer la peine du faux en écritures de commerce, mais seulement celle du faux en écriture privée[7].

[1] Cass., 29 février 1844.— [2] Cass., 30 décembre 1821.—[3] Cass., 26 janvier 1827, — 3 avril 1841. — [4] Cass., 13 mars 1850. — [5] Cass., 2 août 1838.—V. contr. Cass., 6 mars 1828. — [6] Cass., 3 avril 1841. — [7] Cass., 26 janvier 1836, — 15 octobre 1844.

7

Lorsque, sur un billet à ordre signé de plusieurs commerçants, on ajoute la signature d'un non-commerçant, le faux est encore commis en écriture privée, à moins que la fausse signature ajoutée au billet ne soit accompagnée d'un fait qui lui donne le caractère commercial [1].

Il en est des mandats à ordre comme des billets, ils ne tirent leur caractère commercial que de la signature qu'ils portent ou des transactions qu'ils relatent [2].

Mais le fait de fabriquer un billet non causé et signé d'un commerçant, constitue un faux en écriture commerciale [3]. Il en est de même de la mention *valeur comptant ou en compte*. Il faudrait, dans ces cas, pour se soustraire à l'application des peines de l'article 147, prouver que l'acte auquel cet écrit se rattache n'est pas un acte commercial, et qu'il se rapporte, au contraire, à une convention civile.

La reconnaissance d'une dette faite par un banquier en cette qualité, est également un fait commercial [4], et on doit porter la même décision, s'il s'agit de décharges faites sur les quittances de commerçant à commerçant pour opérations de leur commerce [5].

Sont encore réputés écrits de commerce, les *lettres missives* entre commerçants pour affaires de leur négoce [6], et leurs livres de commerce, alors même qu'ils n'auraient pas été paraphés conformément à la loi [7].

Enfin, il n'y a aucune distinction à faire, pour l'application des principes que nous venons d'énoncer, entre les

[1] Cass., 16 mai 1828. — [2] Cass., 15 juin 1827. — [3] Art. 638 C. com., Cass., 16 et 19 juillet 1855. — [4] Cass., 23 mai 1855. — [5] Cass., 19 août 1830. — [6] Cass., 22 juin 1832, — 4 juin 1859. — [7] Art. 12 Cod. com., — Cass., Chambres réunies, 23 juillet 1862. — Cass., 13 mai 1863. — Jurisprudence constante.

écrits qui se rattachent à des affaires commerciales françaises et ceux qui se rapportent à des affaires de commerce ou de banque étrangères [1].

Au demeurant, le jury n'a pas à s'occuper de la commercialité ou de la non-commercialité de l'écrit. Les questions
qui lui sont soumises ne comprennent que les divers caractères qui la constituent, et c'est sur les constatations de fait
qui résultent de sa réponse, que la Cour d'assises doit déclarer, dans son arrêt, si l'acte est ou non commercial [2].


## CHAPITRE III.

### FAUX EN ÉCRITURE PRIVÉE.


Le législateur, qui avait abaissé la peine des travaux
forcés à perpétuité prononcée contre les fonctionnaires coupables de faux en écritures authentiques, alors que les falsifications avaient été commises, soit dans ces mêmes actes,
soit dans des actes de commerce, par de simples particuliers, a cru devoir faire encore descendre d'un autre degré
la répression que devaient encourir ceux qui les auraient
perpétrées dans les écritures privées ; et, reconnaissant que
ces derniers faux présentaient des caractères de criminalité
beaucoup moins graves, et renfermaient un moindre danger
pour la société, il n'a édicté contre eux, dans son article
150, que la peine de la réclusion.

Quant aux différentes manières dont ce crime pouvait être commis, il s'en est référé aux dispositions de

[1] 30 mars 1839, — 21 mars 1851.
[2] Cass., 24 janvier 1856. — Jurisprudence constante.

l'article 147 que nous avons ci-dessus étudiées, et, comme
lui, nous renverrons à tout ce que nous avons dit sur le
faux en écriture publique commis par des particuliers, et
dont on devra faire l'application aux faux commis dans les
écrits privés. Nous nous bornerons donc à indiquer, dans
le présent chapitre, les quelques questions les plus notables
qui se sont révélées dans la pratique :

1º Et d'abord, y a-t-il faux dans la contrefaçon de l'écriture d'un médecin ayant pour but d'obtenir d'un pharma-
cien des substances vénéneuses? Non, car en lui-même
ce fait ne réunit pas les trois caractères constitutifs du
faux que nous avons plusieurs fois signalés. Mais si,
comme dans deux espèces jugées par la Cour de cassation [1], cette altération matérielle devenait un acte préparatoire de crime d'empoisonnement, la fraude commise
dans ce but devrait être envisagée comme établissant l'intention criminelle qui justifierait l'accusation de faux. Le
préjudice pourrait être considéré aussi comme certain,
puisque l'altération dont il s'agit aurait eu pour résultat de
faciliter l'acquisition du poison destiné à la victime, poison
que, sans cela, on n'aurait pu réussir à se procurer.
Mais, sauf la circonstance spéciale ci-dessus indiquée, le
fait en lui-même, ne révélant pas une intention criminelle
et ne pouvant occasionner aucun préjudice à autrui, ne
serait pas répréhensible au point de vue du faux.

2º Celui qui, en vendant un objet volé, produit comme
garantie d'origine une quittance du prix signée faussement du nom du précédent vendeur, commet un faux [2].

---

[1] Cass., 15 mars 1819, — 20 juillet 1832.
[2] Cass., 10 septembre 1812.

3° Il en serait de même de celui qui, lors de la rédaction d'un acte sous seing privé, y insère ou fait frauduleusement insérer à son profit, sans le consentement des diverses parties, des clauses qui peuvent leur être préjudiciables [1].

4° Celui qui rédige une dénonciation de nature à porter atteinte à l'honneur du citoyen contre lequel elle est dirigée, et y appose une fausse signature, se rend-il coupable de faux ?

L'affirmative est sans difficulté lorsque la signature qui est apposée au bas de la dénonciation est réellement celle d'autrui ; et nous pensons avec la Cour de cassation [2], et contrairement à un arrêt de la Cour de Bruxelles [3], que la décision devrait être la même alors que cette signature n'appartiendrait à personne. C'était, du reste, l'opinion de Barthole, qui nous dit que, de son temps, la pratique était constante à cet égard.

5° Peut encore être accusé de faux en écriture privée, celui qui appose ou fait apposer par un écrivain public, à qui il se présente sous un faux nom, une fausse signature au bas d'une lettre missive, lorsque cette lettre est destinée à un commerçant, et invite ce dernier à remettre au porteur une certaine quantité de marchandises dont on lui promet le paiement, jusqu'à concurrence d'une certaine somme d'argent [4].

Au demeurant, celui qui fabrique le faux, comme celui qui le fait fabriquer, sont classés dans la même catégorie ;

<hr>

[1] Cass., 1er février 1838.—[2] Cass., 12 novembre 1813.—[3] Bruxelles, 29 juillet 1831. — [4] Cass., 28 novembre 1841. — Poitiers, 16 novembre 1846.

les circonstances qui se révèlent dans chaque espèce dé-
montrent le degré de culpabilité de chacun des deux accusés, et il appartient à la Cour d'assises de proportionner
la peine à leur criminalité [1].

6° Que faut-il décider dans le cas où un individu fait
souscrire à un tiers un acte au lieu d'un autre, par exemple
une vente pour un bail, et réciproquement ?

Un arrêt, déjà ancien [2], avait jugé que ce fait ne constituait qu'une escroquerie. Mais la Cour de cassation n'a
pas persisté dans cette opinion ; et, revenant sur sa jurisprudence, elle a déclaré [3], avec raison, que l'individu qui
fait signer un acte quelconque, en persuadant au signataire
qu'il donne son consentement à une autre pièce, se rend
coupable de faux, pourvu que de cette substitution d'un
acte à un autre il résulte ou puisse résulter un préjudice
quelconque pour le signataire ; si, par exemple, on lui
fait approuver une décharge dans laquelle on a substitué
le capital aux intérêts ; un acte de vente qu'on lui a présenté comme une simple pétition ; une quittance de fermage
pour un bail ; un mandat, une obligation pour un certificat, etc.

7° Le faux en écriture privée peut se commettre aussi
par supposition de personnes. Carnot est d'un avis contraire :
la personne qui contracte, dit-il, doit s'assurer de l'identité
de son contractant ; si elle traite sans garantie suffisante,
c'est par sa faute qu'elle se trouve dépossédée [4]. Mais il
nous semble difficile, et en ceci nous sommes d'accord

---

[1] Cass., 6 avril 1838.—[2] Cass., 18 mars 1808.— [3] Cass., 18 novembre
1825, — 30 juillet 1839, — 15 février 1850, etc. — [4] Carnot, Comm.
sur le code pénal, art. 150, n° 1.

avec la majorité des auteurs, d'adopter cette opinion, qui
admet une distinction contraire au texte même des articles
145 et 150 du Code pénal. Aussi a-t-il été jugé que celui
qui vend ou achète par un écrit sous seing privé et sous le
nom d'un tiers, se rend coupable du crime de faux prévu
et puni par cet article 150 [1].

8° Se rend aussi passible des mêmes peines, l'individu
qui insère une quittance dans un blanc qui aurait été laissé
dans un acte [2].

9° Nous arrivons, ici, à une question plus délicate, celle
des abus des blancs seings. Nous avons déjà dit, pag. 15
et suivantes, que nous n'admettions pas en théorie la distinction qu'a établie l'article 407 du Code pénal; qu'il nous
semblait que l'abus du blanc seing devait toujours être considéré comme constituant un faux, et que le législateur
aurait agi plus logiquement si, au lieu d'en faire dans
certains cas un délit particulier, il l'eût placé dans une
catégorie spéciale, comme il y a rangé le faux commis dans
les certificats, et l'eût réprimé par une peine correctionnelle, sans lui enlever son caractère de faux. Mais, quoi
qu'il en soit de cette opinion, la loi qui a prévu les abus du
blanc seing, a fait à leur égard, dans l'article 407 ci-dessus
visé, cette distinction que, lorsqu'une personne abuse d'un
blanc seing qui lui a été confié, elle est punie des peines
correctionnelles édictées contre l'escroquerie par l'article
405, mais que, dans le cas où le blanc seing ne lui a pas
été confié, elle doit être poursuivie comme faussaire et
punie comme telle.

Devront donc, seulement, être considérés comme faus-

[1] Cass., 3 octobre 1817. — [2] Cass., 25 juin 1807.

saires, ceux qui ont abusé du blanc seing qu'ils ont ex-
torqué par ruse, force ou violence, soit au signataire lui-
même[1], soit à la personne à qui ce blanc seing avait été
confié[2].

Quant à ceux qui auraient effacé l'écriture mise au-dessus
d'un acte et l'auraient remplacée par une autre[3], ils encour-
raient la peine du faux, non pas pour avoir abusé d'un
blanc seing, mais pour avoir altéré l'écriture d'un acte sous
signature privée.

Que faudrait-il décider à l'égard de celui qui a livré frauduleusement le blanc seing qu'on lui avait confié? Peut-il
être poursuivi et puni comme complice du faussaire? D'après
les règles ordinaires de la complicité, on ne devrait pas
hésiter à répondre affirmativement ; mais nous nous trouvons, ici, en présence du principe que le complice d'un
crime ou d'un délit ne peut être frappé d'une peine plus
grave que celle dont il aurait été atteint s'il en eût été l'auteur principal. Or, si la personne par laquelle le blanc
seing a été livré, l'avait elle même falsifié, elle n'aurait
eu à subir que la répression prononcée contre l'abus de
confiance: aussi devons-nous décider qu'elle ne pourra
encourir que l'emprisonnement correctionnel, suivant les
articles 407 et 405 ; tandis que celui à qui l'écrit a été
remis, et qui l'a altéré, devra être condamné à la réclusion,
que l'article 150 édicte contre les faussaires.

Ajoutons encore que l'on devra considérer comme s'étant
rendus coupables de faux en écriture privée :

[1] Art. 407, § 2, du Code pénal. — Cass., 24 juin 1829. — [2] Cass.,
4 février 1819. — [3] Cass , 22 octobre 1812.

10° Celui qui se sert d'une procuration qu'il sait être révoquée ou périmée[1];

11° Celui qui augmente, sur un billet, la somme qui lui lui est due ou celle qu'il a payée en à-compte de ce qu'il doit[2];

12° Celui qui biffe un acquit apposé sur un billet déjà soldé, afin d'être payé une deuxième fois[3];

15° Et, enfin, celui qui reçoit comme procuration un billet endossé en blanc, et qui, l'endossant à son profit, lui donne ainsi l'apparence d'un transfert de valeurs[4].

Disons cependant que, si l'altération ne portait que sur une simple note, sur un mémoire, sur un compte, ce fait ne saurait rentrer dans classe des faux[5]; et c'est ainsi qu'il a été jugé que les altérations faites sur un mémoire de frais de justice, produit par un officier ministériel, avant les visas exécutoires du procureur impérial et du président, ne peuvent être considérées comme des faux. On doit toutefois reconnaître que, si ces altérations avaient été pratiquées après l'exécutoire de paiement, elles constitueraient évidemment un faux en écriture publique[6].


## CHAPITRE IV.

### FAUX COMMIS DANS LES PASSEPORTS, CERTIFICATS, ETC.

Nous avons fini d'exposer ce qui a trait aux faux criminels, nous allons passer à une série d'incriminations qui

---

[1] Cass., 20 avril 1841. — [2] Cass., 27 août 1812. — [3] Cass., 20 juin 1844. — [4] Cass., 13 octobre 1818.
[5] Cass., 20 juin 1848. — [6] Cass., 4 novembre 1847.

ne constituent que de simples délits. Ce caractère qui leur
est attribué par le législateur français, d'accord en cela
avec la saine doctrine et les législations des autres peuples,
repose sur le peu d'importance que présentent ces altérations, tant pour l'ordre public qu'à l'égard des particuliers.
Mais il ne faut pas oublier qu'elles n'en constituent pas
moins des faux, et que pour être punissables, même des
peines légères qui sont prononcées contre leur perpétration, elles doivent réunir les trois caractères que nous
avons si souvent rappelés: l'altération de la vérité, l'intention frauduleuse et le préjudice possible.

Trois sections doivent diviser cette matière, et elles com-
prendront tout le sujet qui nous reste à traiter:

Section Ire — Passeports et permis de chasse;

Section II. — Feuilles de route;

Section III. — Certificats.

**PREMIÈRE SECTION.—Faux commis dans les passeports
et permis de chasse.**

La législation antérieure à 1789 ne connaissait ni les
permis de chasse, ni les passeports. Aussi ne trouve-t-on,
dans les monuments législatifs de cette époque, aucune
disposition relative à ce délit. L'invention des passeports
date de 1792, et c'est la loi du 1er février de la même année qui, la première, s'est occupée, fort incomplètement
d'ailleurs, du faux commis dans ces actes.

L'article 117 de cette loi porte: «Tout Français qui
prendra un nom supposé dans un passeport, sera envoyé
à la police correctionnelle, qui le condamnera à un emprisonnement qui ne pourra être moindre de trois mois ni
excéder un an.»

La loi du 17 ventôse an IV étendit la peine : aux membres des administrations chargés de délivrer les passeports, et qui se permettraient d'en accorder à des personnes qu'ils ne connaîtraient point personnellement, ou dont deux témoins connus ne leur auraient pas attesté l'identité; aux témoins eux-mêmes qui attesteraient faussement l'identité des réclamants; aux logeurs, aubergistes et maîtres de maisons garnies qui inscriraient sur leurs registres des noms qu'ils savaient n'être pas ceux des individus logés chez eux ; enfin aux citoyens qui certifieraient ces déclarations devant les autorités constituées.

Ainsi, d'après cette législation, l'obtention et la délivrance d'un passeport sous un faux nom constituait un délit [1], et la peine qui était édictée atteignait ceux qui, dans les passeports, faisaient de fausses déclarations d'âge, de profession et de signalement [2]. Ce système était incomplet, car ces lois, portées dans le but de s'opposer à l'émigration, laissaient la fabrication et l'usage des faux passeports, ainsi que les altérations qui pouvaient être commises dans ces actes , sous l'empire des lois ordinaires et les considéraient comme étant de véritables faux [3].

Le Code de 1810 a édicté sur cette partie de la législation un ensemble de dispositions que la loi du 13 mai 1863 a mises en harmonie avec la doctrine, en réduisant la peine à des proportions plus en rapport avec nos mœurs, et aujourd'hui la loi punit, dans les articles 153 à 156 du Code pénal: 1° ceux qui fabriquent un faux passeport ou un per-

[1] Cass., 22 floréal an XII, — 10 messidor an XII.

[2] Cass., 22 mai 1806.

[3] Cass., 14 août 1806, — 26 mars 1807, — 28 décembre 1809.

mis de chasse, ou falsifient ceux qui étaient originairement valables ; ceux qui font sciemment usage des passeports ou des permis de chasse ainsi falsifiés ou qui se servent de ceux qui appartiennent à autrui; ceux qui prennent dans ces actes un nom supposé ou qui concourent comme témoins à les faire délivrer; 2° les hôteliers qui inscrivent sciemment sous de faux noms ou qui omettent d'inscrire sur leurs registres les personnes qui voyagent sous des noms supposés ; 3° enfin, les officiers qui accordent des passeports ou permis de chasse à des citoyens qu'ils ne connaissent pas ou dont ils ne se font pas attester l'identité.

I. Un arrêt de la Cour de cassation, en date du 15 octobre 1834, semblerait indiquer que, dans l'esprit de la Cour suprême, il suffirait ici de l'altération matérielle de la vérité, pour motiver l'application des articles 153 et suivants. Nous nous hâtons de dire, avec MM. Chauveau et Hélie[1], que nous ne pouvons accéder à la doctrine que semble présupposer cet arrêt. Mais nous n'adopterons cependant pas en entier l'opinion de ces auteurs, qui pensent qu'il ne peut, en cette matière, exister ni intention frauduleuse ni préjudice. Nous croyons, au contraire, que la fraude réside dans l'intention de violer la loi, en se dérobant à la surveillance de l'autorité, et que le préjudice consiste dans le tort qui est causé pécuniairement à l'État, en le privant du prix du passeport ou du permis, et moralement à la société elle-même, en mettant entre des mains criminelles des pièces qui ne doivent être délivrées qu'à des citoyens amis de l'ordre. Aussi, sans examiner si, dans l'espèce jugée le 15 octobre 1834, la Cour de cassation

---

[1] Pag. 476, *loc. cit.*

s'est ou non préoccupée, en fait, de l'existence de la fraude et du préjudice, nous dirons que l'attention des tribunaux doit toujours se porter sur ces questions, avant de reconnaître l'existence du faux et de prononcer la répression qui leur est demandée.

Pour être réputé délictueux, le faux passeport doit présenter au moins l'apparence d'un acte régulier, et n'être pas tellement informe qu'on ne puisse le considérer comme tel ; il doit porter une date, la signature d'un officier public compétent, le nom du bénéficaire, ainsi que son signalement : sans ces conditions, en effet, l'acte incriminé ne serait qu'une pièce, non pas seulement viciée en sa forme, mais nulle quant au fond.

Le faux est caractérisé par la supposition ou l'altération des noms de la personne qui a obtenu la délivrance de l'acte, et il n'en est pas de même des prénoms. C'est du moins l'opinion générale de la doctrine et de la jurisprudence, mais il nous paraît que c'est à tort que cette opinion s'est accréditée ; les prénoms, tout aussi bien que les noms et le signalement, servent à la désignation spécifique d'une personne. Toutefois, comme il faut mettre de la modération en toutes choses, on ne devrait pas décider que le plus petit changement suffit pour motiver l'application des articles 153 et suivants, et qu'on ne doit déclarer qu'il y a faux que lorsque la mention incriminée est de nature à tromper sur la personne du porteur de la pièce falsifiée.

Nous pensons donc qu'il faudrait formuler en ces termes la règle générale à observer en cette matière : Toute énonciation fausse, de nature à induire en erreur les agents du Gouvernement sur l'identité d'un individu, est un faux.

Quant à l'usurpation des titres et qualités, il résulte avec évidence de la discussion du Code pénal au Conseil d'État, que le législateur n'a pas voulu la punir ici : M. Berlier en donna pour raison que cela forcerait la loi à entrer dans trop de détails ; mais il fut reconnu, cependant, que si cette usurpation prenait un caractère sérieux, il y aurait lieu de faire l'application des dispositions du même Code touchant une autre branche du faux, c'est-à-dire du faux par le fait (*facto*), spécialement prévu par l'article 259.

Conformément à cette précision, il a été jugé [1] que celui qui, en prenant pour lui-même un passeport sous son véritable nom, en réclame un autre pour une personne dont il donne également le nom d'une manière exacte, mais qu'il déclare faussement être son épouse, n'encourt pas les peines de l'article 154, cette dernière qualification n'étant qu'une énonciation mensongère qui ne peut être considérée comme l'emploi du faux nom qu'a voulu prévoir l'article que nous expliquons.

Par une disposition nouvelle, qui comble une lacune signalée dans le Code de 1810, la loi de 1863 applique à celui qui fait usage d'un passeport ou d'un permis de chasse délivré sous un nom autre que le sien, la peine déjà édictée contre celui qui s'est fait délivrer un passeport ou un permis de chasse sous un nom supposé.

·II. Les logeurs et aubergistes sont déclarés civilement responsables des crimes et délits commis par ceux qu'ils ont négligé d'inscrire sur leurs registres, par contravention aux articles 73 et 475 du Code pénal, et sans qu'il soit

[1] Bordeaux, 10 décembre 1831.

nécessaire de se demander s'ils ont agi de bonne ou de mauvaise foi. Mais en ce qui concerne les passeports, comme
il ne s'agit plus de contravention, mais d'un délit spécialement prévu par l'article 154, il est nécessaire que le juge
constate qu'ils ont agi sciemment, la loi ne devant les atteindre que dans le cas où ils ont inscrit sur leurs registres les
personnes qui étaient logées chez eux sous des noms qu'ils
savaient être faux ou supposés. L'ancien Code de 1810 prononçait contre eux la peine de six jours à un mois d'emprisonnement; mais cette répression ayant été généralement
regardée comme trop faible, eu égard aux inconvénients qui
pouvaient résulter de ces infractions, la loi de 1863 en a
élevé le maximum à trois mois, en laissant le minimum tel
qu'il était fixé, à six jours seulement.

III. L'article 155 punit les officiers publics qui délivrent des
passeports à ceux qu'ils ne connaissent pas personnellement,
ou dont ils ne se font pas attester par deux témoins connus
les noms et les qualités; et la répression prononcée contre
eux consiste dans un emprisonnement d'un à six mois. Mais
comme leur culpabilité est plus grande lorsque, étant instruits de la supposition du nom, ils n'en délivrent pas moins
le passeport sous ce nom supposé, la peine qu'ils encourent,
dans ce cas, est d'un an au moins et de six ans au plus.
Ils peuvent même être interdits de leurs droits civils et civiques pendant cinq ou dix ans, après l'expiration de leur
peine.

## SECTION II. — Feuilles de route.

A Rome, l'altération dans les diplômes de route [1] était envisagée comme un faux ordinaire et punie des peines de la loi Cornelia.

Au moyen-âge, l'organisation militaire en vigueur ne devait pas comporter l'usage des feuilles de route ; aussi ne les voit-on reparaître que longtemps après que les armées ont été régulièrement constituées.

La législation de 1791 ( Code pénal, art. 41, tit. ii, section ii ) faisait en cette matière une distinction équitable, qui a pris définitivement place dans nos lois. Les feuilles de route ayant deux objets, dont le premier est de servir de passeport au porteur, et le deuxième de constater les frais qui lui sont dus, il fallait examiner si la falsification avait eu pour but de soustraire plus facilement le porteur à la surveillance de l'autorité, et elle était réprimée par les peines édictées contre ce délit; si, au contraire, elle avait eu lieu pour obtenir des frais de route plus considérables que ceux auxquels il pouvait prétendre, elle constituait un faux plus grave, qui méritait une peine plus forte, sans cependant qu'elle pût être à la hauteur de celle prononcée contre le faux commis en écriture publique.

Le Code de 1810 avait adopté ces dispositions, et la loi de 1863 vient de consacrer le même principe, en graduant

[1] L. 27, § 2, D. *Ad legem Cornel.* — On entendait par *Diplôme*, un ordre écrit de l'empereur autorisant à se servir des chars et des chevaux disposés sur les routes pour les communications administratives avec les gouverneurs des provinces. — V. Suétone, Aug., 50; — Pline, X, ep. 14, 51; — Tacite, Hist. II, 50.

les diverses peines qu'elle édicte dans les nouveaux articles
156 et 159, suivant que le délit est commis par les particuliers, ou qu'il l'est par les officiers publics.

### I. Cas où le délit est commis par des particuliers.

Toute fabrication ou altération de feuille de route ou
usage de feuille de route fabriquée ou falsifiée, dans le but
de se soustraire à la surveillance de l'autorité publique,
est punie de six mois à trois ans d'emprisonnement,
comme pour la falsification des passeports. Si l'altération
a pour objet de toucher un mandat inférieur à 100 fr.,
la peine est augmentée, et elle consiste alors dans un emprisonnement de un à quatre ans. Enfin, si le mandat
est supérieur à 100 fr., la peine s'élève de deux à cinq
ans, et dans les deux derniers cas les coupables peuvent
aussi être privés de l'exercice des droits mentionnés en
l'article 42 du Code pénal, pendant cinq ans au moins et
dix ans au plus, et même être mis sous la surveillance de
la haute police de l'État, pendant le même nombre d'années [1].

On voit donc, bien établie, la distinction dont nous avons
parlé, et qui est basée sur l'intention dans laquelle la falsification a été opérée.

Il faut assimiler aux feuilles de route les mandats délivrés par les intendants aux militaires voyageurs [2], ces
mandats n'étant que des conséquences de la délivrance de
la feuille de route elle-même.

Il y aurait également lieu à l'application de la loi, si

---

[1] Art. 156 C. p. — [2] Cass., 9 août 1832.

8

l'agent falsificateur avait pris dans la feuille de route une qualité qui dût augmenter l'émolument qui lui est alloué : si, par exemple, il s'était fait passer pour un officier d'un grade supérieur au sien. Il faut donc, pour bien préciser le châtiment qui pourrait être encouru, examiner si le prévenu n'avait droit à aucune allocation, ou s'il ne lui revenait qu'une somme inférieure à celle qu'il a touchée, car c'est sur cette absence du droit ou sur son exagération, que se base l'application de la peine qui doit être infligée.

Enfin, ajoutons qu'aux termes de l'article 157, les peines prononcées par l'article 156 doivent être appliquées, suivant les distinctions qui sont établies, à toute personne qui se ferait délivrer une feuille de route sous un nom supposé.

II. Cas où le délit est commis par les officiers publics.

Les officiers publics qui, étant instruits de la supposition de nom, délivrent une feuille de route mensongère, se rendent coupables des délits ou du crime spécialement prévus par l'article 158, et encourent, selon les précisions établies dans l'article 156 pour la falsification de feuilles de route, la peine de un à quatre ans d'emprisonnement, dans le premier cas; celle de deux à cinq, dans le deuxième, et dans le troisième, celle de la réclusion. Dans ce dernier cas, la loi a voulu que le fait dont se rendaient coupables les officiers publics changeât de nature et devînt un crime, au lieu de ne constituer qu'un simple délit; mais il est permis de penser que, bien que la nouvelle loi de 1863 ait été rédigée par des hommes éminents, versés dans la connais-sance du droit pénal, cette peine de la réclusion n'est pas proportionnée à la nature du fait, et il nous semble

que le maximum de l'emprisonnement correctionnel, avec
la faculté, pour le juge, de placer le condamné sous la surveillance de la haute police, et de prononcer l'interdiction
des droits mentionnés en l'article 42, eussent été suffisants
pour la répression d'un fait qui ne suppose pas une très-
grande perversité.

Mais en prescindant de cette observation, faisons remarquer sur l'entente des dispositions de l'article 158, d'abord,
que, pour établir la culpabilité de ces officiers publics,
deux conditions sont requises : qu'ils soient compétents
pour délivrer les feuilles de route, et qu'ils soient instruits
de la supposition de nom. Il ne suffirait pas, en effet,
comme pour la délivrance des passeports, qu'ils eussent
négligé de se faire attester l'identité des réclamants ; il
est en outre nécessaire, pour qu'ils puissent être déclarés
coupables, qu'ils aient eu connaissance de cette supposition de nom.

Remarquons, en second lieu, que le délit des officiers
publics est tout à fait distinct de celui qui est commis par
la personne qui réclame la délivrance de la feuille de route ;
ce sont là deux infractions punies de peines différentes et
qui ne s'aggravent pas de leur coexistence.

## SECTION III. — Certificats.

Il s'agit encore ici, comme dans les deux sections précé-
dentes, de faux qui ne supposent pas une intention bien
criminelle, qui ne peuvent occasionner un grave préjudice, et dans la perpétration desquels le législateur n'a
voulu voir que des délits qui seraient suffisamment ré-
primés par une peine correctionnelle, s'inspirant en cela des

dispositions de ces anciennes ordonnances qui, ainsi que nous l'avons vu, ne prononçaient contre les médecins et les experts qui faisaient de faux rapports, qu'une amende, une interdiction, et des dommages.

Aujourd'hui, pour que les certificats incriminés puissent tomber sous les coups de la loi pénale, il est nécessaire qu'ils présentent les trois caractères que nous avons souvent indiqués; mais aussi leur auteurs ne peuvent jouir de l'atténuation de pénalité qui a été édictée, qu'autant qu'ils se trouvent dans de certaines conditions spécialement déterminées, et sans lesquelles le fait, ne pouvant rentrer dans les termes des articles que nous allons expliquer, constituerait, non plus un simple délit, mais un crime punissable des peines du faux [1].

Les premières lois modernes qui soient entrées dans cette voie, sont le Code de brumaire et la loi du 11 prairial an IV, dont les dispositions punissaient de l'emprisonnement le témoin cité à comparaître en justice, qui produisait un certificat attestant faussement l'impossibilité où il était de se rendre à cette injonction, et l'officier de santé qui avait délivré ce certificat; plus tard, une autre loi du 19 fructidor an VI prononça la peine de cinq ans de fers contre ceux qui signaient de faux certificats pour soustraire quelqu'un à la conscription.

La jurisprudence s'empara de ces textes; elle en étendit les prescriptions aux divers cas qui se présentèrent, et elle essaya d'établir une ligne de démarcation entre ceux qui pouvaient constituer un crime, et ceux dans lesquels on ne devait trouver qu'un délit; c'est ainsi, par exemple,

[1] Cass., 8 septembre 1826.

qu'elle vit un faux dans le fait de celui qui, pour se justifier de l'accusation de vol portée contre lui, produisait un certificat mensonger attestant que l'objet soustrait lui a été vendu [1] ; tandis que d'autre part elle décida que la fabrication d'un certificat de bonne conduite [2] ou d'une autorisation de mendier [3], ne présentent pas les caractères des faux ordinaires et devaient être punis de peines correctionnelles.

Le Code de 1810 présenta un système plus complet : il fit une classe à part des certificats fabriqués pour affranchir quelqu'un d'un service public, ou pour lui procurer des places, crédits ou secours ; mais tous les autres faux demeuraient passibles de peines criminelles. Telle est encore aujourd'hui la distinction qui doit servir de règle, la loi du 13 mai 1863 ayant conservé l'ensemble des dispositions du Code pénal, qu'elle n'a modifié que dans quelques détails.

Nous avons donc à diviser les certificats en deux classes, suivant le but qu'ils se proposent d'atteindre.

### 1. Certificats de maladie tendant a l'exonération d'un service public.

Pour qu'un certificat soit rangé dans la catégorie de ceux dont s'occupent les articles 159 et 160 du Code pénal, il faut qu'il réunisse trois conditions, à savoir : qu'il atteste faussement une maladie, qu'il soit fait par un médecin ou sous son nom, et qu'il ait été fabriqué dans le but de procurer l'exemption d'un service public.

[1] Cass., 4 septembre 1807. — [2] Cass., 22 mai 1807. — [3] Cass., 9 messidor an XII.

1º Le certificat doit énoncer faussement une maladie ; c'est la condition essentielle : si, en effet, la personne qui est appelée à un service public se trouve hors d'état de le remplir, et qu'elle présente, pour s'en faire dispenser, une attestation faussement délivrée sous le nom d'un officier de santé, il ne saurait y avoir de faux. L'acte dont il est fait usage est sans doute réprouvé par les lois de la morale, mais il n'en peut résulter aucun préjudice, puisqu'il n'est produit que pour obtenir l'exonération d'un service qu'on est dans l'impossibilité d'accomplir, et que l'exemption a pour cause, non point le certificat, mais la maladie qu'il constate et qui est réelle.

2º La deuxième condition exigée est que le certificat soit délivré sous le nom d'une personne ayant le titre de médecin, chirurgien, ou officier de santé. Il ne suffirait donc pas, pour constituer le délit, d'ajouter à un nom quelconque la qualité de médecin, il n'y aurait là qu'une usurpation de qualité qui ne saurait constituer un faux et qui pourrait tout au plus être considérée, selon les circonstances, comme une escroquerie[1] ; la loi punit ici, non point l'usurpation de la qualité, mais l'usurpation de la foi qui est due à l'attestation de celui qui a réellement obtenu le titre de médecin.

5º Il faut enfin que le certificat ait été délivré ou fabriqué pour se rédimer ou affranchir autrui d'un service imposé par la loi : tels sont le service militaire, celui du jury, celui de la garde nationale, etc., etc. Si donc le certificat avait tout autre but que celui de se soustraire à un service public, il sortirait de la classe de ceux qui

[1] Cass., 6 août 1807.

sont prévus par les articles 159 et 160 du Code pénal, et retomberait sous les dispositions des articles qui régissent le faux ordinaire [1].

Il est une question fort débattue : c'est celle de savoir si un certificat fabriqué pour obtenir l'extraction d'un individu de la prison où il subit sa peine, et pour le faire admettre dans une maison de santé, doit être considérée comme rentrant dans la classe des certificats dont nous nous occupons. Certains auteurs prétendent qu'il serait trop rigoureux d'appliquer la peine ordinaire du faux, pour une attestation aussi peu importante que celle dont il est ici question, et qu'on doit ranger ces actes dans la catégorie des faux certificats ayant le but d'obtenir une exemption.

D'autres auteurs, parmi lesquels sont MM. Chauveau et Hélie, soutiennent au contraire, et c'est l'opinion que nous adoptons, qu'il y a ici un faux criminel : et, en effet, le but que l'on a voulu atteindre est l'exonération de la peine à laquelle on était condamné [2] ; et l'ordre social est bien plus gravement lésé lorsqu'un condamné ne subit pas la peine qui a été prononcée contre lui, que lorsqu'un citoyen est obligé, par l'effet d'une manœuvre pratiquée par un autre, de faire à sa place un service auquel il aurait dû ne pas être soumis. D'ailleurs, l'article 159 est une exception à la règle générale, écrite en l'article 150, qui qualifie de criminelles les altérations dans les écritures privées, et on ne doit admettre les exceptions que lorsqu'on se trouve expressément dans les cas qui sont reconnus comme tels.

[1] Cass., 8 septembre 1826.
[2] Cass., 5 fructidor an XII, — 22 mai 1807, — 25 juillet 1808,

Nous venons d'examiner les cas où la fausse attestation a
été fabriquée par un particulier; mais la loi a été plus
loin : elle a prévu, dans l'article 160, l'hypothèse où le
médecin lui-même signerait ce faux certificat, et elle a
très-raisonnablement distingué, alors, si le certificat est
délivré par complaisance ou par suite des dons et promesses qui lui auraient été faites. Si c'est par pure complaisance que le médecin a ainsi constaté un fait contraire à
la vérité, la peine qu'il encourt est un emprisonnement de
un à trois ans ; mais le maximum peut en être porté à
quatre ans, s'il a été mû par des dons ou des promesses,
et les tribunaux peuvent en outre prononcer l'interdiction
des droits civils et civiques pendant cinq ou dix ans.

On ne doit pas confondre avec les dons et promesses qui
seraient faites au médecin, les honoraires qui lui sont dus
pour rémunérer ses services, et conclure à sa culpabilité,
du seul fait qu'il a reçu de l'argent; c'est plutôt sur la quotité de la somme payée que sur le fait de l'avoir reçue,
que le juge doit porter son attention. Lorsque la somme est
minime et n'excède pas les bornes d'une rétribution ordinaire, eu égard à la gravité de la maladie et à la réputation du médecin, il doit être évident, pour le magistrat,
qu'il n'y a là qu'un salaire, et non pas le don ou la promesse dont parle notre article, et qu'il est probable alors,
si la maladie n'existe pas, que le médecin a cédé à un
sentiment d'affection ou à des sollicitations auxquelles il
n'a pas pu se soustraire. Que si au contraire la somme est
relativement considérable, il y a indice que le certificat
n'aurait été obtenu que par suite de dons et de promesses.

Il a été jugé qu'à Paris la somme de 40 fr., payée à un
médecin d'une réputation ordinaire pour un certificat destiné

à exonérer d'une revue de la garde nationale, excédait les bornes d'une rétribution convenable, et devait être considérée comme un don fait et accepté[1]. Toute la difficulté consiste à distinguer les cas dans lesquels il y a eu acte de *complaisance* ou fait de *corruption*.

Les corrupteurs, ajoute le § 4 de l'article 160, seront punis des mêmes peines que le médecin, chirurgien, ou officier de santé; mais pour qu'il y ait des corrupteurs il est nécessaire qu'il y ait corruption, et il ne suffirait pas que des offres eussent été faites si elles n'avaient été acceptées.

Cette tentative ne peut, en effet, être incriminée, par cette double raison que, d'une part et suivant le texte formel de l'article 3 du Code pénal, la tentative d'un délit n'est considérée comme délit, que dans les cas déterminés par une disposition spéciale de la loi, et que d'un autre côté, l'article 160 ne parle aucunement de la tentative de corruption à l'égard des médecins; tandis que lorsqu'il s'agit des fonctionnaires publics, l'article 179 porte expressément que si les tentatives de corruption pratiquées à leur encontre n'ont eu aucun effet, celui qui s'en est rendu coupable sera puni de l'emprisonnement. Le seul rapprochement de ces articles 160 et 179 doit suffire, indépendamment même de la règle générale tracée dans l'article 3, pour faire décider qu'aucune peine ne peut atteindre l'auteur d'une tentative de corruption dont les dons et les promesses ont été refusées.

Mais il faudrait juger le contraire si ces offres avaient

[1] Cass., 6 juin 1834.

été agréées, et que ce ne fût que par l'effet d'une circonstance fortuite qu'elles n'eussent pu être réalisées.

Toutefois, on devrait innocenter même l'offre faite et
acceptée si, avant la délivrance du certificat, le médecin
avait renoncé au bénéfice des promesses qui lui avaient été
faites.

Une autre condition qui résulte du texte même de l'article 160 consiste dans la circonstance que la maladie at-
testée soit de nature à dispenser d'un service public ;
lorsque ce certificat a un tout autre but, ou doit produire
un autre effet, les tribunaux auront à le considérer, selon
les circonstances, soit comme un faux [1], soit comme constituant une manœuvre frauduleuse pour commettre une
escroquerie, soit comme un fait immoral, mais qui n'est
réprimé par aucune loi pénale.

Mais une autre difficulté plus sérieuse consiste dans l'appréciation du certificat lui-même qui atteste faussement
l'existence d'une maladie. Il faut prendre garde d'entrer
trop avant dans le domaine de la conscience, et ne pas s'exposer à voir un délit dans un fait qui ne prouverait que
l'erreur et même l'ignorance du médecin ; le délit que
nous étudions ne peut exister sans l'intention frauduleuse
de ce dernier ; car, ce que la loi punit, c'est son concours
volontaire par une attestation qu'il sait être contraire à la
vérité, à l'exonération d'un service public qui est requis, et
dont il veut faire dispenser.

[1] Cass., 8 septembre 1826.

### II. Certificats de bonne conduite et autres destinés a attirer sur le porteur la bienveillance du gouvernement ou des particuliers, et a lui procurer des places, du crédit ou des secours.

La loi du 19 pluviôse an II prescrivait des poursuites contre les auteurs de fausses déclarations faites pour obtenir des pensions et des secours. Le Code de 1810 punissait aussi : ceux qui fabriquaient sous le nom d'un fonctionnaire ou officier public des certificats de bonne conduite, indigence, moralité, ou autres circonstances propres à appeler sur la personne qui y était désignée la bienveillance du Gouvernement ou des particuliers, et à lui procurer des places, du crédit ou des secours ; ceux qui falsifiaient un certificat de cette espèce, originairement véritable, pour l'approprier à une personne autre que celle à laquelle il avait été primitivement délivré ; et ceux qui faisaient usage des susdits certificats.

La loi du 13 mai 1863 est allée plus loin : elle a prévu une hypothèse que laissait impunie la loi de 1810 ; et après avoir réprimé les faits que nous venons d'énumérer, par un emprisonnement de six mois à deux ans, elle a édicté, en outre, la peine de quinze jours à six mois d'emprisonnement, tant contre ceux qui fabriqueraient de pareils certificats, sous le nom d'un simple particulier, que contre ceux qui feraient usage des dites pièces.

La jurisprudence avait déjà considéré ce fait comme une manœuvre pouvant servir à constituer le délit d'escroquerie ; mais cette appréciation doit être abandonnée depuis que la loi de 1863 a spécialement prévu ce fait et l'a puni d'une peine particulière.

Les certificats dont parle l'article 161 doivent, pour être punissables des peines que cet article énumère, être propres à appeler sur ceux qui y sont désignés la bienveillance du Gouvernement ou des particuliers, et à leur procurer du crédit, des places, des secours; mais cette condition n'est pas exclusive, et il faut ranger dans la même classe tous les autres écrits qui, par leur nature, tendraient au but d'être utiles à ceux qui en seraient porteurs : par exemple, des lettres d'obédience [1], un appel à la charité publique pour assurer la construction d'une église sous le nom du curé ou du conseil de fabrique [2].

Il ne faut pas confondre ces certificats avec ceux qui sont délivrés par les officiers publics en leur qualité, et qui, par cela même, deviennent des actes authentiques destinés à faire preuve de la position ou de l'aptitude de l'impétrant ; ces attestations officielles ne sont plus de simples recommandations, elles constituent des pièces probantes, et le faux dont elles peuvent être infectées doit être considéré comme un faux commis en écritures publiques.

La distinction a été très-bien faite par la jurisprudence, et elle est posée en principe dans deux arrêts de la Cour de cassation [3] : « Attendu, dit la Cour suprême, que les certificats auxquels se rapporte l'article 161 ne sont autres que des recommandations purement officieuses, délivrées spontanément à la personne y désignée par les fonctionnaires ou les officiers publics qui les ont revêtus de leurs signatures, et dans l'unique objet d'appeler sur cette personne, soit de la part du Gouvernement, soit de la part des particuliers,

---

[1] Cass., 23 novembre 1845. — [2] Cass., 14 germinal an XIII.
[3] Cass., 19 mai et 15 décembre 1836.

des témoignages également spontanés d'intérêt ou de bienveillance ; mais que lorsque le certificat argüé de faux présente le caractère d'un acte émané de fonctionnaires pro-
cédant en vertu d'un mandat de la loi, exerçant un droit, ou
accomplissant une obligation inhérente à leur qualité, et que
la production de cette pièce est la condition légale et nécessaire de l'admission de celui qui est appelé à s'en prévaloir
à un service public, la nature officielle de l'acte, la garantie
d'ordre général attachée à sa délivrance, la gravité des conséquences résultant de la fraude apportée dans sa confection, font rentrer le fait dans la disposition des articles 147
et 148 qui régissent le faux en écritures publiques.»

Par application de cette distinction, il a été jugé qu'il y
a faux dans la fabrication des certificats requis pour être
admis dans la gendarmerie ou dans la Légion d'honneur [1] ;
des certificats constatant que l'on est fils aîné de veuve,
dans le but d'obtenir du conseil de révision l'exemption du
service militaire [2]; des certificats d'indigence servant à obtenir la faveur accordée par l'article 420 du C. d'instruction
criminelle, ou toutes autres, telles que la dispense de la
contrainte par corps pour le paiement des amendes et des
frais prononcés en matière criminelle ou correctionnelle ;
des certificats de bonne conduite délivrés à un ancien soldat
par le conseil d'administration de son régiment [3]; d'un certificat de contribution foncière indicatif d'un faux nom de
propriétaire dans le but de commettre une escroquerie [4];

---

[1] Cass., 1er octobre 1824, — 22 décembre 1825. — Dall., v° *Faux*,
n° 395. — Contr., Chauv. et Hél., *loc. cit.*, p. 502.

[2] Cass., 4 mai 1843, — 23 avril 1859.

[3] Cass., 31 décembre 1841, et Cass. de Bruxelles, 15 mars 1841.

[4] Cass., 31 décembre 1813.

d'un certificat de maire constatant la solvabilité de l'impétrant et de son épouse, afin d'obtenir un prêt d'argent [1].

Dans les cas où, sur un certificat originairement véritable, il serait ajouté une nouvelle attestation favorable, on
devrait distinguer : si la mention ajoutée est accessoire au
fait rapporté dans le certificat, elle doit être considérée
comme étant sans importance ; mais si elle renferme un
nouveau certificat de la nature de ceux prévus en l'article
161, cet article doit recevoir sa pleine application [2].

La circonstance que le timbre de l'administration a été
apposé sur le certificat, est indépendante du fait de sa fabrication; seulement l'auteur de cette apposition aurait à
rendre compte de ce nouveau délit connexe, qui est prévu et
réprimé par l'article 145 du Code pénal.

Il n'y a pas à se préoccuper non plus de la régularité du
certificat, ni de la compétence de l'officier public; ce que
la loi a voulu seulement punir, c'est l'abus du nom d'un
fonctionnaire ou d'un officier public, mis au bas d'une re-
commandation pour lui donner une plus grande valeur. Il
suit de là que, si l'officier dont on a pris faussement le nom
n'était pas encore dans l'exercice de ses fonctions, ou s'il
les avait cessées, il n'y aurait lieu qu'à l'application de la
disposition pénale du § 3 de l'article 161 : ce serait un certificat fabriqué sous la fausse signature d'un particulier.

---

[1] Cass., 28 janvier 1841. — [2] Cass , 11 mars 1826.

# APPENDICE.

## DE L'USAGE DU FAUX.

Le crime d'usage de pièces fausses étant tout à fait distinct de celui de faux, ainsi que nous l'avons indiqué dans les premières pages de notre introduction, il nous avait d'abord semblé que nous devions laisser à l'écart tout ce qui avait trait à cet usage; mais dans la crainte que l'on ne considérât notre dissertation comme incomplète si nous ne disions quelques mots de ce deuxième crime, qui, dans la plupart des cas, se présente réuni au premier, nous allons résumer dans un court appendice les quelques précisions qui ont été faites à son égard par les anciennes législations, ainsi que par la doctrine et les arrêts.

Mais d'abord, rappelons que, suivant le droit romain, celui qui s'aidait sciemment d'un acte faux était réputé commettre le faux [1]: *cum etiam*, dit un ancien auteur [2], *leges publicæ eum qui sciens falso utitur, tamquam reum*

---

[1] L. 4, C. *Ad leg. Corn.* — [2] B. Ambrosius, liv. 3, *De offic.*, c. 1.

*adstringant.*» Et «c'était une résolution commune, ajoute Charondas [1], que celui qui était convaincu de faux, ou qui s'était aidé d'un acte ou d'un instrument faux, devait déchoir du droit par lui prétendu sur la chose contentieuse. »

A la différence du droit canonique [2], l'ancien droit français avait adopté ces principes [3], et la plupart des législations modernes les ont également suivis [4]. Quelques-unes cependant se sont refusé à mettre sur la même ligne la fabrication et l'usage du faux [5]; elle ont cru que l'usage ne révélait qu'une moins grande criminalité, et elles n'ont prononcé contre lui qu'une peine inférieure.

Quoiqu'il paraisse, au premier examen, que celui qui fabrique une pièce fausse prouve plus de perversité que celui qui en fait usage, dans la plupart des cas la criminalité de l'un est à peu près celle de l'autre. Les deux faits émanent d'une même pensée, ils tendent au même but, et aucune différence ne doit être admise entre eux. Aussi le législateur français a-t-il adopté en principe une égale pénalité pour la fabrication et pour l'usage des écritures fausses [6]. A la vérité, il a dû, lorsque des individus qui ne sont revêtus d'aucun caractère public ont produit un acte falsifié, abaisser d'un degré la peine que pourraient encourir les fonctionnaires qui fabriquent ou altèrent les actes auxquels ils ont le pouvoir d'accorder l'authenticité; mais, en dehors de ce cas spécial, il a prononcé pour la

---

[1] Annotat. sur le tit. 39 de la Somme rurale de Bouteiller, p. 293. — [2] V. ci-dessus, p. 54. — [3] Despeisses, t. 2, p. 670, n° 4. — [4] Code prussien, art. 1379. — Brésil, art. 167. — [5] Code napolitain, art. 292, — [6] Art. 148, 151, 153, 154, 156, 157, 161 et 163.

falsification et l'usage un châtiment identique; et comme
les articles qui l'édictent admettent un maximum et un
minimum, et que, d'autre part, l'article 463 permet de
le réduire par l'admission des circonstances atténuantes,
le juge pourra, suivant l'impression qu'il aura reçue des
débats, se montrer sévère pour l'un des accusés, et faire à
l'égard de l'autre une large part à l'indulgence.

En ce qui concerne spécialement l'usage du faux, nous
devons faire observer, tout d'abord, qu'il ne suffit pas,
pour que le fait rentre dans l'application de la loi pénale,
que la pièce incriminée ait été trouvée en la possession
d'un individu; mais qu'il est nécessaire, de plus, que cette
personne en ait fait usage.

Le Code n'ayant pas défini ce qu'on doit entendre par
*l'usage* qui doit entraîner l'application des peines du faux,
on doit en conclure que toute production de la pièce,
faite pour arriver au but qu'elle est destinée à atteindre,
constitue le crime dont nous nous occupons; et que, par
exemple, l'accusé ne pourrait soutenir en matière de fabrication de lettre d'ordination, que cet usage ne devrait spécialement résulter que de l'abus qu'il aurait pu faire de ces
lettres pour célébrer la messe[1]. Au demeurant, la Cour de
cassation a déclaré que l'appréciation des faits qui peuvent constituer l'usage des diverses pièces arguées de faux,
appartient souverainement au jury[2].

Les seules conditions prescrites par la loi pour carac-
tériser cette production qui doit faire considérer le crime
comme ayant été commis, sont : que la pièce soit fausse,

[1] Cass., 19 juin 1840. — [2] Cass., 30 janvier 1812.

9

et que l'usage en ait été fait alors qu'on savait qu'elle était fausse.

Il est d'abord nécessaire que l'acte soit faux, et cela est de toute évidence ; car s'il est sincère, et que celui qui l'a écrit n'ait commis ni crime ni délit, comment pourrait-on punir celui qui le met en circulation pour lui faire produire son effet nécessaire ? La Cour de cassation a sanctionné cette doctrine [1], et elle a décidé de plus qu'un individu ne pouvait être déclaré coupable du crime d'usage, qu'autant que le jury aurait été interrogé sur la fausseté de la pièce [2], et qu'autant que la réponse à cette question aurait été affirmative [3].

Il est encore exigé que l'usage ait été fait sciemment, c'est-à-dire que l'auteur de cet usage ait eu connaissance que la pièce était fausse [4]. Cette condition est formellement écrite dans l'article 163 du Code pénal, et elle est d'ailleurs non moins raisonnable que la première ; car ce qui constitue la culpabilité de l'agent c'est, avant tout, l'intention criminelle.

Il n'est cependant pas requis que cet usage ait été fait méchamment et dans le but de nuire à autrui [5]. Il suffit, pour nous servir des termes employés par la Cour suprême, « qu'il ait été commis en connaissance de cause, cette connaissance devant être considérée comme le seul élément constitutif du crime [6]. » Toutefois cette circonstance doit être expressément constatée par le verdict des jurés [7],

[1] Cass., 2 septembre 1813. — [2] Cass., 12 avril 1849. — [3] Cass., 21 février 1821. — [4] Cass., 24 avril 1828. — [5] Cass., 17 décembre 1812, — 25 février 1813. — [6] Cass., 5 octobre 1815, — 26 juin 1831. — [7] Même arrêt, 26 juin 1834.

quoiqu'il soit inutile que leur déclaration fasse connaître en quoi consiste cet usage [1].

Il faut, enfin, pour que la peine des travaux forcés puisse être appliquée aux termes de l'article 148, qu'il soit reconnu en fait que la pièce dont il a été fait usage, présente tous les caractères du faux en écriture publique ou de commerce, faute de quoi elle devrait être considérée comme un faux en écriture privée, et la peine ne serait plus que celle de la réclusion, suivant les dispositions de l'art. 151 [2].

De la distinction ci-dessus établie entre la fabrication et l'usage d'une pièce fausse, il résulte que, tandis que la tentative de fabrication ne peut être que rarement réprimée, la tentative de l'usage est habituellement punissable [3], pourvu qu'elle réunisse les caractères prescrits par l'article 2 du Code pénal.

Il s'ensuit encore que celui qui a fait usage d'une pièce fausse peut être puni, quoique l'auteur du faux ne soit l'objet d'aucune poursuite, et qu'il soit même inconnu [4], ou alors même que la prescription l'aurait mis à l'abri de toute recherche [5].

On doit encore en déduire cette conséquence, qu'il n'y a aucune contradiction entre la déclaration du jury qui décide, d'une part, qu'il y a faux par fabrication ou altération d'un acte, et, d'autre part, qu'il n'a été fait aucun usage de cette pièce [6].

Et réciproquement, que la solution négative sur la ques-

[1] Cass., 10 juillet 1828. — [2] Cass., 23 mars, — 6 avril, — 4 octobre, — 7 décembre 1827, — 24 janvier 1828, — 22 juin 1832. — [3] Cass., 2 juillet 1835. — Bourges, 21 octobre 1813. — [4] Cass., 8 avril 1813. — [5] Cass., 4 janvier 1816. — [6] Cass., 7 juin 1821, — 25 novembre 1825, — 30 décembre 1841.

tion de fabrication, n'implique aucune contradiction avec la solution affirmative sur la question d'usage [1].

Le caractère criminel d'un acte entaché de faux réfléchit sur l'usage qui en est fait, sans distinguer si le faux porte sur l'essence même de l'acte ou seulement sur sa forme [2].

Mais comme c'est l'usage d'une pièce fausse que la loi incrimine, aucune peine ne pourrait être encourue si l'acte dont on s'est servi, après qu'il a été altéré, ne pouvait être la base d'une action ou d'un droit.

C'est ainsi qu'il a été jugé que, dans le cas où un huissier avait dénaturé, dans la copie qu'il doit donner en tête de son exploit, les énonciations d'un acte qu'il avait été chargé de notifier, la partie qui voudrait plus tard utiliser les altérations de cette copie, qui ne fait par elle-même aucune foi de son contenu, ne commettrait pas le crime d'usage d'une pièce fausse [3].

Lorsqu'un acte faux avait été produit en justice, la loi romaine avait établi quelques règles que l'ancienne législation française avait suivies, et qui doivent encore être observées aujourd'hui.

On avait admis que si c'était par ignorance que la production de la pièce fausse avait été faite, celui qui avait déclaré vouloir en faire usage pouvait, aussitôt que son adversaire manifestait l'intention de l'attaquer comme contraire à la vérité, renoncer à s'en prévaloir, et que s'il désignait

[1] Cass., 26 décembre 1845. — [2] Cass., 17 juillet 1835.
[3] Cass., 2 septembre 1813.

la personne de qui il tenait l'écrit, la poursuite n'avait plus lieu que contre cette dernière[1].

Mais il ne suffisait pas qu'il se bornât à dire qu'il ne s'en voulait servir qu'en tant que de besoin et non autrement; une pareille déclaration devant être réputée captieuse et ne pouvant, dès-lors, être admise comme un consentement formel à faire disparaître cette pièce du litige[2].

Et, dans tous les cas, il pouvait être condamné aux dépens et à des dommages-intérêts[3].

Que si celui qui avait produit l'acte était lui-même l'auteur de sa falsification, la déclaration qu'il faisait, que son intention était de ne pas s'en servir, ne pouvait le soustraire à l'application de la peine[4].

Le plaideur qui avait une première fois déclaré ne pas vouloir s'aider de la pièce arguée, n'était pas reçu à revenir sur cette renonciation et à demander à en faire usage; il était censé en avoir reconnu la fausseté, et l'acte était définitivement écarté du procès[5]. On faisait cependant une

---

[1] L. 31, D. *Ad leg. Corn.*; l. 4 et 8, C. *ead. tit.*; Despeisses, t. 2, p. 670, n° 4.

[2] Faber, Cod., lib. 9, tit. *Ad leg. Corn.*, comment. 13, déf. 12. — Ordonnance de 1737, tit. 2, art. 11.—Serpillon, sur cet art., p. 179·

[3] Arrêts du Parl. de Paris du 18 mai 1514. — Papon, l. 9, tit. 10, art. 2,—et du 16 juillet 1558. — Charondas, obs., v° *Faux.*—Despeisses, *ibid.*, p. 671, n° 4. — Cette décision a été sanctionnée par l'article 217 du C. de procéd. civ.

[4] L. 8, C. *Ad leg. Corn.* — Arrêts du Parl. de Dijon du 5 juin 1610. — Bouvet, t. 2, q. 4, — et du Parl. de Grenoble du 14 novembre 1512. — Expilly, Arr., c. 8. — Despeisses, *ibid.*, p. 669, n° 4.

[5] L. 3, C. *De fid: instrum.* — Cujas, sur ce titre in pp. — Ordonn. de 1737, art. — Serpillon, sur cet art. — Jousse, en ses notes, *ibid.*

exception à cette règle, lorsque le consentement donné avait eu pour cause l'erreur, la fraude ou la crainte [1].

Si au contraire le producteur du titre avait d'abord annoncé qu'il entendait s'en servir, il pouvait rétracter cette déclaration [2]. Et, de même, celui qui l'avait approuvé pouvait ensuite l'impugner de faux, et obliger le demandeur à la remettre entre les mains des juges, à moins que ce dernier ne jurât qu'il l'avait perdu [3].

Enfin, la partie qui avait transigé sur un document, après que sa sincérité lui avait paru douteuse, ne pouvait plus être admise à l'argüer de faux [4].

L'article 148 établit une différence entre la peine à infliger au fonctionnaire qui commet un crime de faux en écriture publique, et celle qui peut être prononcée contre le particulier qui fait usage de la pièce qui est le produit de ce faux ; mais l'article 151 édictant contre tous la même pénalité lorsqu'il s'agit d'un faux en écriture privée, l'usage d'un pareil acte ne peut entraîner contre son auteur un plus grave châtiment, quand même ce serait un fonctionnaire public qui s'en serait rendu coupable [5].

Nous avons vu que le seul fait de la fabrication d'une pièce fausse, sans qu'il en eût été fait usage, ne pouvait être innocenté par des actes postérieurs, tels que la destruction

---

[1] Duparc-Poullain, t. 12, p. 687, n° 61.

[2] Jousse, sur l'art. 13 de l'ordonn.

[3] L. 21, C. De fide instrum. — Despeisses, ibid., p. 669, n° 11.

[4] L. 7, C. Ad leg. Corn. — Arrêt du Parl. de Paris du 22 août 1551. — Charondas, Resp., t. 11, ch. 78.

[5] Chauv. et Hélie, t. 3, pag. 130. — Dall., Jurisp. gén., v° Faux, n° 423.

de l'écrit lui-même ; et cette décision doit s'appliquer également à l'usage : dès que le crime est commis par la production qui a été faite, le coupable ne peut, en effet, être
autorisé, en faisant disparaître la preuve matérielle de sa
culpabilité, à échapper à la peine qu'il a encourue.

Mais nous avons dit aussi que si le faussaire s'était désisté
de son crime avant qu'il l'eût parachevé, il y aurait lieu de
tenir compte de cette renonciation volontaire, qui empêcherait le crime d'exister ; et ici l'assimilation cesse d'être
admise. Sans doute, si c'est par l'effet de son repentir que le
coupable, après avoir fait usage de l'écrit falsifié, a anéanti
le corps du délit, cette circonstance pourra être de nature
à faire abaisser la peine; mais l'accusé n'en devra pas moins
être poursuivi, le crime ayant eu une existence légale, et
ne pouvant, dès-lors, être considéré ni comme inachevé
ni comme effacé.

Terminons en disant que, d'après l'article 164, une
amende doit être prononcée tout aussi bien contre celui qui
a fait usage d'un acte faux, que contre celui qui l'a fabriqué; l'un et l'autre, suivant la jurisprudence la plus
constante, devant être compris sous la dénomination de
*faussaire* [1].

---

[1] Arrêts de Cass. du 8 février 1812 au 8 novembre 1819.

# RÉSUMÉ.

Nous voici parvenu au terme de notre travail, et il ne nous reste qu'à jeter un coup d'œil rétrospectif sur la matière qui a fait l'objet de notre dissertation.

Le faux, tout au moins le faux en écritures, dont nous avons voulu exclusivement nous occuper, exigeant pour sa perpétration un certain degré de civilisation, n'a pu, à la différence de la plupart des autres crimes, prendre naissance avec les premières passions des hommes; aussi les législations primitives, ainsi que celles des peuples qui sont encore plongés dans l'ignorance, ne contiennent-elles aucune prescription qui y soit relative.

La plus ancienne loi que nous connaissions, le code des Hébreux, ne prohibe que le faux témoignage [1]. Dans les lois qu'il donna à ses concitoyens 630 ans avant J.-C., vers la 31me olympiade, Charondas, de Catane, ne punit que les calomniateurs [2]. La loi des douze Tables n'édicta non

---

[1] Exode, ch. 20, v. 16. — Deutéronome, ch. 5, v. 20.

[2] Politiq., l. 2, ch. 9. — La peine édictée contre eux consistait à être promenés dans la ville couronnés de tamarin, comme pour indiquer qu'ils étaient arrivés au dernier degré de la folie; et nous apprenons par Stobée (serm. 145, p. 467) et par Diodore de Sicile (l. 12,

plus des peines que contre les faux témoins[1], et il faut aller jusqu'à l'année 671 de Rome pour trouver une disposition répressive du faux.

Déjà, à cette époque, les Romains commençaient à se ressentir des progrès de la civilisation qu'avait introduite chez eux chacune de leurs conquêtes; avec le laps du temps, et Rome étant devenue la reine de l'univers, ils transformèrent leurs mœurs, adoucirent leur rudesse et se polirent au point d'appeler Barbares tous les peuples qui n'étaient pas soumis à leur domination.

Mais avec le bien-être et le luxe se développèrent aussi l'amour des richesses et le besoin d'être à même de satisfaire les goûts les plus effrénés : il fallut posséder de l'or; pour se le procurer, tous les moyens furent employés, aussi les faux ne tardèrent-ils pas à se produire : on constata d'abord leur existence dans les testaments, à l'aide desquels les coupables s'emparaient de toute ou de la plus grande partie de la fortune d'autrui, et ils s'y multiplièrent si promptement que le dictateur Sylla crut devoir édicter la loi qui, du nom de sa famille, prit le nom de Cornélia.

Bientôt il fallut en étendre les dispositions à tous les autres actes civils; enfin, on alla plus loin, et, sous le prétexte d'empêcher que des faux ne pussent être commis dans certaines circonstances déterminées, le sénatus-consulte Libonien déclara passibles des peines du faux des actes qui n'en présentaient aucunement les caractères. Cette disposition

ch. 12) que quelques-uns s'étaient donné la mort pour se soustraire à cette ignominie.

[1] Table 7, l. 12. — Aulu-Gelle, *Not. att.*, l. 20, cap. 1. — Le coupable devait être précipité du haut de la roche Tarpéïenne.

semble n'avoir eu pour but que de procurer aux empereurs les moyens de satisfaire leur faste, et de répondre aux
exigences de cette plèbe romaine qu'ils étaient toujours
obligés de flatter, et qu'ils s'étaient même chargés de nourrir
et d'amuser par les fêtes les plus splendides et par les
émotions les plus sanguinaires.

Il faut convenir que cette dernière partie de la législation
Romaine n'était pas digne de trouver place dans le Digeste,
qui, ainsi qu'on l'a dit si souvent, est cité depuis dix-huit
siècles comme un monument de raison écrite, parce qu'on
y trouve, en effet, presque constamment proclamés, les
·principes éternels de la justice et de l'équité.

Une fois entrés dans cette voie, les empereurs ne purent
plus reculer; les révolutions des prétoriens ne changèrent
rien à cet état de choses, et il fallut l'invasion des Barbares
pour mettre fin à cette législation.

Ne nous hâtons cependant pas d'en réprouver indistinc-
tement l'ensemble. A côté de cette fâcheuse réglementation
du quasi-faux, et bien qu'on n'eût pas trouvé la distinction qui a été faite plus tard entre les faux commis dans les
actes authentiques et ceux qui se produisaient dans les
actes privés, on est obligé de rendre hommage aux dispositions pleines de sagesse qu'avaient si bien établies les Prudents, et qui signalent de la manière la plus précise les
trois caractères que devaient présenter les faux pour tomber sous l'application de la loi pénale.

La peine dont cette législation avait frappé le crime de
faux était, pour les esclaves la peine capitale, et plus tard
les travaux forcés dans les mines; tandis que, pour les
citoyens, elle consistait dans la déportation et la confiscation de tout ou de partie des biens, et quelquefois dans la

perte de la vie par la décollation ; plus tard, en ce qui concernait les tabellions, elle fut même élevée jusqu'à la mort par le supplice du feu.

La loi romaine se maintint dans les Gaules jusqu'à l'époque où le sol romain tout entier fut envahi par les peuples barbares ; et après la chute de l'empire d'Occident, la Gaule se trouvant divisée en quatre parties distinctes, séparément occupées par les Gallo-Romains, les Visigoths, les Burgundes et les Francs, chacun de ces peuples modifia profondément, par ses habitudes et ses lois, les institutions qu'il avait trouvées dans le pays.

Chez les Gallo-Romains, le droit canonique se substitua peu à peu au droit romain, et la peine de mort, qui fut établie pour les falsifications des lettres du prince et des actes des papes, fut remplacée, pour les autres faux, par l'excommunication à l'égard des laïques, et par la perte des bénéfices, l'exil et la marque contre les clercs.

Chez les Visigoths, dont les dispositions législatives indiquent une civilisation relativement avancée, on avait admis une distinction, inconnue aux jurisconsultes romains, entre les faux commis dans les actes émanés de l'autorité suprême, qui étaient punis par l'amputation de la main droite pour ceux qui étaient de basse extraction, et par la perte de la moitié de leurs biens pour ceux qui étaient de race noble, et les faux commis dans les autres actes, dont la peine n'était pour les nobles et les riches que du quart de leurs biens, alors que ceux qui n'avaient qu'une fortune modeste ou qui appartenaient à la classe inférieure étaient réduits en esclavage.

Quant aux Burgundes, leur législation ne contenait que

quelques dispositions éparses qui sont presque sans relation avec le faux en écriture.

Enfin, pour ce qui concerne les Francs, divisés en Francs Saliens et en Francs Ripuaires, la loi salique ne prévoyait que le faux témoignage, et la loi de Dagobert ne condamnait le faussaire qu'à la réparation du préjudice qu'il avait voulu causer.

Charlemagne essaya de réunir ces divers éléments législatifs. Les nombreux Capitulaires qui furent édictés par lui et par ses premiers successeurs témoignent de la ferme résolution d'unifier la législation ; mais l'autorité de ces décrets alla en s'affaiblissant jusqu'au règne de Philippe-le-Bel, et la royauté ayant été amoindrie par les révoltes des grands vassaux, et les guerres intestines ayant profondément divisé les masses, les nations furent replongées dans les ténèbres d'où elles étaient sorties; des coutumes locales s'établirent dans chaque province et même dans chaque ville de quelque importance, et la France n'offrit plus qu'un choquant disparate de mœurs et de législations diverses. Ce mal dura jusqu'à l'époque, si longtemps attendue, où, grâce aux victoires de Philippe-Auguste, à la droiture de saint Louis, à l'héroïsme de Jeanne d'Arc et à la politique de Louis XI, nos rois purent espérer de faire, de nos diverses contrées, un seul royaume soumis à une législation uniforme.

Vers le commencement du XVIᵉ siècle, l'invention de l'imprimerie, les luttes de la Réforme, l'amour des lettres et des jouissances de l'esprit, vulgarisèrent l'art d'écrire, qui, des maisons religieuses où il avait été jusque-là presque exclusivement cultivé, se répandit dans la plupart des contrées de l'Europe, et l'écriture entra dans les habitudes de la classe moyenne; mais, par voie de conséquence, les faux devinrent communs, et les lois antérieures ayant été trouvées insuffisantes, François I<sup>er</sup> rendit les ordonnances de 1531, 1532, 1535 et 1536 ; Louis XIV celles de 1670, 1680, 1685, 1699, et Louis XV celles de 1725, 1727, 1752 et 1757.

A la différence de ce qui avait été admis dans le droit romain, qui ne reconnaissait qu'une espèce de faux, et en s'inspirant des précédents établis par la loi des Visigoths et par le droit canonique, ces divers édits distinguèrent entre les actes qui émanaient de l'autorité et ceux qui étaient l'œuvre des particuliers ; et celui de 1680 créa même une classification nouvelle des crimes de faux, suivant qu'ils auraient été commis par des fonctionnaires publics ou par de simples citoyens. Cette distinction, qui était un notable progrès, ne fut, du reste, complétée que par notre législation actuelle, qui l'a comprise dans l'ensemble général des dispositions qu'elle a édictées sur la matière.

La peine portée par les ordonnances était toujours la mort, pour la première catégorie des faux. Et il faut bien reconnaître que cette peine était en harmonie avec l'état des esprits et le point de vue auquel on se plaçait alors : que le but des châtiments était plutôt de venger la société et d'inspirer la terreur, que de réparer le désordre qu'avait occasionné le crime, ou de chercher, toutes les fois du moins que cela était possible, à moraliser le coupable ; ce ne fut que long-temps après, lorsque les mœurs se furent adoucies, que l'on comprit quel était le respect que devait inspirer la vie humaine, et que des voix éloquentes se firent entendre pour réclamer des tempéraments au système rigoureux qui avait été jusque-là suivi.

Mais des années dûrent encore s'écouler avant que le législateur se décidât à se montrer plus humain ; en 1790, au moment où venait d'éclater la Révolution, que tant de généreux criminalistes avaient appelée de leurs vœux, Pastoret, en parlant des abus faits de la peine de mort par la législation française, énumérait, avec émotion, 115 crimes qui étaient encore punis de la peine capitale [1].

Heureusement, et dans la pratique, les grands corps judiciaires, dont faisaient partie les hommes les plus moraux et les plus instruits de leur époque, se laissaient volontiers aller à modérer cette peine de mort, dont la légalité devait être et est encore l'objet de tant de controverses [2]; et malgré la fréquence des édits qui les rappelaient à l'application des sévérités prescrites, ils en venaient souvent à laisser ces textes cruels tomber en une sorte de désuétude, et les peines n'étaient le plus souvent prononcées que suivant les cas et d'après l'arbitraire du juge.

La Révolution de 1789 fit cesser jusqu'à cet arbitraire, qui est toujours un mal, puisqu'il substitue l'appréciation personnelle du magistrat à la volonté du législateur ; et la loi de 1791, dont les dispositions sont passées dans le Code de 1810, et ont subi quelques modifications par la loi du 13 mai 1863, a définitivement fixé le meilleur système de classification et de répression auquel on doive s'arrêter.

---

[1] Lois pénales, 4e partie, ch. 21.
[2] V. les opinions de Montesquieu, Beccaria, Mably, Pastoret, Kant, Jh de Maistre, Rossi, Bérenger, etc.; on se rappelle aussi en quel style imagé l'auteur de N. D. de Paris compare ce qu'était au moyen Age la peine de mort avec ce qu'elle est aujourd'hui.

Aujourd'hui, la loi considère le crime de faux dans ses rapports avec la nature de l'acte dans lequel il est perpétré, avec la qualité de celui qui s'en est rendu coupable, avec l'importance du préjudice qui a pu être causé, et il est puni, suivant les dispositions qui se rapportent à chacune de ces nuances, d'une peine afflictive et infamante, conformément aux articles 145 à 152; puis, viennent les autres faux qui, à raison de leurs caractères moins graves, ne sont considérés que comme des délits, et punis de simples peines correctionnelles par les articles 153 à 163. Ainsi, l'échelle pénale s'élève aux travaux forcés à perpétuité et descend à un emprisonnement de peu de durée. Un maximum et un minimum y sont d'ailleurs constamment établis, et dans tous les cas où les faits se sont produits avec des circonstances qui militent en faveur d'une atténuation, la peine à prononcer peut être largement abaissée et même quelquefois descendre jusqu'à la dernière limite de l'indulgence.

Ce système nous paraît donc aussi rationnel qu'il est humain.

Toutefois, pour signaler quelques améliorations de détail qui resteraient encore à faire, nous regrettons:

1° Que l'article 158, qui, dans son quatrième alinéa, punit de la réclusion l'officier public qui a délivré une fausse feuille de route dont le porteur a indûment perçu du trésor public des sommes qui s'élèvent à 100 fr. et au-delà, n'ait pas combiné les diverses pénalités qu'il édictait, de manière que ce fait ne demeurât passible que du maximum des peines correctionnelles, puisqu'en réalité il paraît ne devoir constituer qu'un simple délit.

Et 2° que l'abus du blanc seing n'ait pas été rangé dans

la classe des faux, et que l'article 407, qui prévoit ce délit, ait été laissé en dehors de la théorie générale dans laquelle il aurait dû être compris.

Notre tâche est accomplie, et nous serions heureux si on trouvait, dans notre travail, l'historique exact et la saine appréciation des législations diverses qui ont successivement régi *le faux en écritures*, et l'exposé nettement tracé des principes à l'aide desquels on doit aujourd'hui, soit en pure théorie, soit dans la pratique journalière, répondre aux différentes questions que cette matière peut présenter à résoudre.

# POSITIONS.

## DROIT ROMAIN.

I. Le créancier évincé de la chose reçue en paiement conservait son action primitive.

II. Le fidéjusseur qui promettait une somme supérieure à celle qui fait l'objet de l'obligation principale, n'était pas tenu même à concurrence de cette dernière somme.

III. Entre deux acquéreurs de bonne foi de différents propriétaires, l'action publicienne était de préférence accordée au possesseur.

IV. Dans la stipulation, le pacte adjoint *in continenti, ad augendam obligationem*, ne produit pas d'action.

V. Avant Justinien, la propriété n'était pas transférée *ipso jure* au vendeur, par l'accomplissement de la condition résolutoire.

## ANCIEN DROIT FRANÇAIS.

I. L'étranger actionné devant les juges français par un autre étranger, pouvait réclamer la caution *judicatum solvi*.

II. Le mari, même mineur, pouvait autoriser sa femme majeure.

III. Les donations entre concubins étaient permises.

## DROIT FRANÇAIS MODERNE.

I. L'enfant donataire renonçant ne peut cumulativement retenir la quotité disponible et sa part dans la réserve.

II. Il ne compte pas pour le calcul de la réserve.

III. L'enfant issu de relations entre beau-frère et belle-sœur qui, postérieurement à sa naissance, ont obtenu des dispenses et contracté mariage, n'en demeure pas moins incestueux.

IV. Les donations déguisées sous la forme d'un contrat onéreux sont nulles. En les supposant valables, elles ne sont pas dispensées du rapport.

V. Les créanciers personnels de la femme dotale antérieurs à la séparation de biens, ne peuvent se payer sur les revenus des biens dotaux perçus postérieurement à la séparation de biens.

VI. Le Français cessionnaire d'un étranger peut citer un débiteur étranger devant les tribunaux français.

## PROCÉDURE CIVILE.

I. Le militaire ne doit pas être assigné en matière personnelle devant le tribunal dans le ressort duquel son régiment est en garnison, mais à son domicile réel.

II. Les articles 155 et 156 du Code de procédure civile ne s'appliquent pas aux sentences rendues par les juges de paix.

III. Entre deux possesseurs, celui qui détient la chose dont il vient de s'emparer par violence, doit être préféré au demandeur en réintégrande qu'il a dépouillé, et qui ne réunirait pas les conditions de l'article 25 du même Code.

## DROIT CRIMINEL.

I. L'appel du ministère public profite au condamné, quoiqu'il soit fait à minimà ou qu'il ne soit relatif qu'à une peine accessoire que le tribunal n'aurait pas prononcée.

II. Les soustractions frauduleuses commises par les enfants, au préjudice de leur père, etc., ne donnent lieu qu'à des dommages-intérêts, suivant l'art. 580 du Code pénal. Mais il n'en est pas de même si le vol, au lieu de former l'objet principal de la poursuite, n'est qu'une circonstance aggravante d'un autre crime, comme par exemple lorsque le fils a assassiné et volé son ascendant.

III. L'enfant est considéré comme nouveau-né, relativement au crime d'infanticide, jusqu'au moment où il est inscrit sur les registres de l'état civil, et, à défaut, jusqu'à l'expiration du délai fixé par l'article 55 du Code Napoléon, pour faire la déclaration de naissance.

## DROIT COMMERCIAL.

I. La faillite de la société n'entraîne pas celle des associés.

II. L'exigibilité des dettes passives, non échues, produite par la faillite, s'étend aux dettes hypothécaires comme aux dettes chirographaires.

III. Les commerçants peuvent, par des conventions établies entre eux, se dispenser de protester en temps utile une lettre de change, et conserver néanmoins tous les droits du porteur.

## DROIT ADMINISTRATIF.

I. Le préfet ne peut faire des règlements de police municipale, c'est au maire seul que ce droit appartient.

II. Le jury d'expropriation, à l'exclusion du conseil de préfecture, a qualité pour statuer sur les dommages-intérêts résultant de l'exécution des travaux publics, par suite d'une expropriation pour cause d'utilité publique.

III. Les dispositions des articles 43 et 44 de la loi du 21 avril 1810, sont uniquement applicables au cas d'occupation des terrains sur lesquels le concessionnaire d'une mine est autorisé à établir ses travaux, et non au cas de dommages-intérêts résultant de travaux-intérieurs.

## DROIT INTERNATIONAL PUBLIC ET PRIVÉ.

I. L'étranger divorcé selon les lois de son pays, peut se marier en France du vivant de son premier conjoint.

II. La femme étrangère dont le mari, aussi étranger, possède des immeubles en France, n'a sur ces immeubles aucune hypothèque légale.

III. L'étranger acquitté dans sa patrie pour un crime commis en France, peut être poursuivi dans ce dernier pays à raison du même fait.

*Vu par le Doyen,*
**DELPECH.**

*Vu par le Président de la thèse,*
**C. GINOUILHAC.**

**Vu et permis d'imprimer :**
*Le Recteur,*
**ROUSTAN.**

# TABLE DES MATIÈRES

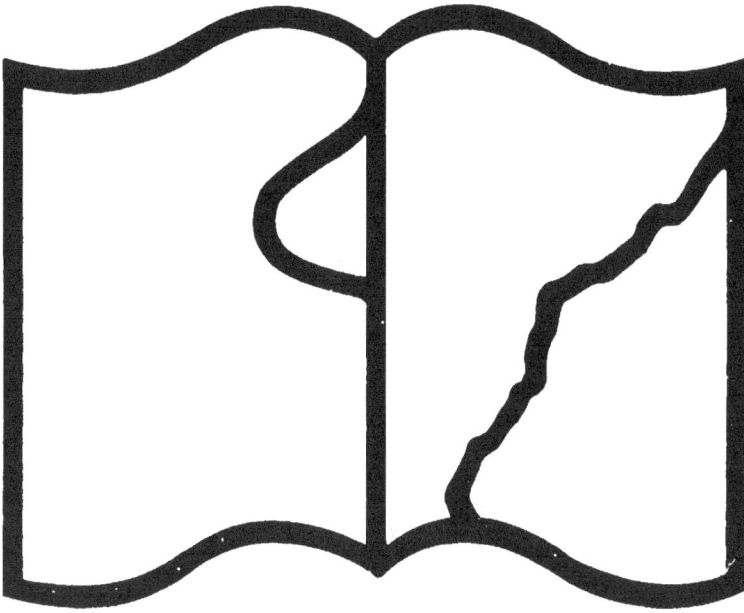

Texte détérioré — reliure défectueuse

**NF Z 43**-120-11

www.ingramcontent.com/pod-product-compliance
Lightning Source LLC
Chambersburg PA
CBHW071838200326

41519CB00016B/4156